곁에 두고 싶은 사람이 되라

마음을 얻는 관계의 기술 | 충성 |

곁에 두고 싶은 사람이 되라

티모시 케이닝햄 · 러잔 액소이 · 루크 윌리엄스 공저
박선령 옮김

WHY
LOYALTY
MATTERS

지훈

당신에게 충성은 어떤 역할을 하는가?

●

Preface

이 책은 매우 간단한 개념을 다룬다. 이 책에서는 충성이 개인의 행복과 사회 전체의 건전성 유지에 매우 중요하며, 업무 실적뿐만 아니라 직원들의 만족도까지 높일 수 있다고 주장한다. 우리 문화권에서는 언제부턴가 충성은 낡고 중요하지 않은 미덕이라는 결론을 내렸고, 이 때문에 사회가 나약해지고 개인의 만족도도 떨어지게 되었다.

하지만 이 책에서는 철학적인 개념을 논하지 않는다. 우리 목표는 모든 독자가 자신의 삶에서 충성이 어떤 역할을 하는지 의미 있는 통찰력을 얻도록 돕는 것이다.

우리는 지금까지 계속 충성에 대해 생각하고 그 생각을 글로 써 왔다. 우리가 함께 써서 상까지 받은 《고객 충성의 신화(Loyalty Myths)》는 업무 실적과 충성의 관계에 초점을 맞춘 책이다. 《곁에 두고 싶은 사람이 되라》에서는 관점을 좀 더 넓혀 고용주와 직원, 남편과 아내, 친구와 시민으로 살아가는 우리 삶에서 충성이 어떤 역할을 하는지 탐구한다.

다른 미덕과 마찬가지로 충성도 지나치면 독이 될 수 있다는 사실을 알기 때문에 이런 상황을 알아차리고 피할 수 있는 방법도 알아본다. 하지만 전체적으로 볼 때 우리 사회는 충성을 과소평가한다고 생각하므로 충성과 신뢰의 문제, 충성을 가르치는 방법, 이것을 우리 사회의 중요한 일부로 만드는 방법 등을 살펴볼 것이다. 이 책이 인생의 근원적인 가치, 그중에서도 특히 충성의 중요성을 인식하려는 새로운 움직임의 일부가 되기를 희망한다. 그리고 여러분도 이 움직임에 동참하기를 진심으로 바란다!

충성에 관한 잘못된 생각

오직 자신만을 위한 행복을 추구한다면 결코 발견할 수 없다. 다른 사람과 나눈다고 해서 줄어드는 행복이라면 그것은 우리를 행복하게 만들기에 충분하지 않다.

– 토머스 머튼(Thomas Merton, 1915~1968),
가톨릭 성직자이자 《인간은 외딴 섬이 아니다(No Man Is an Island)》의 저자

우리는 서로 필요하다. 지금까지의 인류 역사가 증명한 사실이 하나 있으니 그것은 바로 서로 협력하는 능력이 인간의 존속을 보장한다는 것이다. 그러나 인간관계는 단순한 물리적 생존보다 의미가 훨씬 크다. 우리는 육체적 · 감정적 · 영적으로 완전히 하나가 되기 위해 서로 필요하다. 또 각종 연구 결과는 우리 행복을 위해서도 서로 필요하다는 사실을 일관되게 보여준다.

그러나 안타깝게도 가족, 친구, 연인, 공동체와 관계의 끈이 너무 가늘어져 금방이라도 끊어질 지경에 처한 사람들이 너무 많다. 사방팔방으로 뛰어다녀야 하는 끔찍하게 바쁜 생활을 하다보면 감정적으로나 영적으로 우리를 채워주는 사람들이나 동기에게 쏟을 시간이 없는 것이다.

살다보면 누구나 이런 기분을 느끼는 순간이 있다. 그 순간에는 오싹하고 몸서리가 쳐지기도 하지만 그래도 결국 우울한 생각을 떨쳐내고 기본적으로는 모든 일이 잘되고 있다는 사실에서 위안을 얻는다. 우리는 지금 포학한 압제에 시달리지 않는다. 우리 사회가 지금 붕괴되고 있지도 않다. 정부는 행동이 굼뜨고 때로는 일처리를 게을리 할 때도 있지만 그렇다고 해서 우리가 그것 때문에 죽을 운명에 처한 것은 아니다.

우리 의지를 시험하면서 끝없이 일희일비하게 만드는 타인과의 관계 또한 견디기 힘들지만 그것 때문에 죽을 정도는 아니다. 이 세상, 내가 사는 이 나라, 다니는 직장 그리고 나 자신에게도 잘못된 점이 많지만 그래도 그럭저럭 잘 살고 있다. 지금 이 자리에 만족한다.

아니, 사실은 그렇지 않다. 물론 당장 죽음을 눈앞에 두고 있는 것은 아니다. 하지만 우리 삶은 대부분 완벽과 거리가 멀다. "나는 현재의 내 삶에 전적으로 만족한다"라는 주장에 전적으로 동의하는 사람은 5퍼센트 미만으로 매우 드물 것이다. 실제로 이 5퍼센트를 그다음 등급의 퍼센티지와 합쳐도 여전히 15퍼센트 언저리를 맴돌 뿐이다. 이것은 열 명 가운데 두 명도 채 안 되는 숫자다!

하지만 우리가 하루를 어떻게 쪼개 쓰는지 생각해보면 이런 조사 결과에 그리 놀랄 일은 아니다. 조사 결과를 보면 사람들은 대부분 가족과 친구, 일 사이에서 시간을 적절히 분배하지 못한다고 생각한다는 것을 알 수 있다.

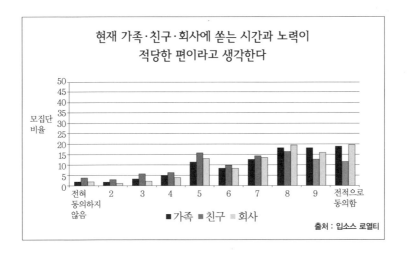

이 문제는 시간관리만 잘한다고 해서 해결되지 않는다. 좀 더 뿌리 깊은 원인이 있다. 이 사회에서 우리는 인간의 삶에서 가장 중요한 원칙 하나를 잊고 살아가는데, 그 이유는 간단하다. 오랫동안 그 일을 하지 않았기 때문이다. 우리를 하나로 묶어주는 그 원칙이 바로 충성이다.

우리가 미처 알아차리지 못하는 사이에 이 세상은 장기적 충성으로 엮인 사회에서 거래 관계와 덧없는 친분으로 이뤄진 사회로 바뀌었다. 이것은 우리가 살아가는 경제 환경이 갈수록 다이내믹해지면서 자연스럽게 생겨난 부산물이다. 근로자의 업무 형태가 예전보다 유연해지고 기동성이 높아지면서 업무 효율도 좋아졌다. 이 덕분에 성공할 기회도 많아져 예전보다 부유해졌다.

그러나 이 때문에 충성심이 전보다 훨씬 없어진 것도 사실이다. 성공적인 조직은 관계를 기반으로 만들어지므로 이것은 사실 기업들에게 좋은 소식이 아니다. 개인에게도 좋은 소식이 아닌 것은 마찬가지다. 이런 상태에서는 결코 행복해질 수 없기 때문이다!

시대가 변했다

과거에는 충성이 선택 사항이 아니었다. 사회에서 추방되는 것은 가장 큰 불명예였다. 미국 식민지시대 초기 정착민들이 중세시대의 차꼬를 차고 사람들의 구경거리가 되는 치욕을 감내한 이유가 무엇일까? 어째서 그냥 무리를 떠나지 않았을까? 무리를 떠나는 것은 더 끔찍한 일이기 때문이다. 그것은 감정적으로나 육체적으로 더는 공동체의 지원을 받을 수 없다는 것을 의미했다. 그리고 지원을 받지 못하면 대개 일찍 죽을 수밖에 없었다.

그러나 시대가 많이 변했다. 오늘날에는 함께 지내던 무리를 떠난다 해서 생존이 위태로워지는 일은 거의 없다. 물질적으로 번영하면서 기회가 더 많이 생긴 것도 사실이다. 이런 기회 덕분에 더 좋은 조건을 찾아 충성 대상을 바꿀 확률이 높아진다. 그 결과 공동체의 행동이나 주장이 마음에 들지 않으면 그냥 무리를 떠나는 것이 갈수록 인기 있는 옵션으로 자리 잡게 되었다.

컬럼비아대학교 법학과 조지 P. 플레처(George P. Fletcher) 교수는 이런 말을 했다. "제품 성능이나 서비스 품질만 중요시하는 시장에서 가장 좋은 방법은 소비자가 떠나는 것이다. 이 말은 곧 필요한 물건을 더 좋은 조건으로 제공하는 경쟁사를 찾으라는 얘기다. 이러한 시장의 예가 다른 분야까지 정복했다. 오늘날 우리는 다른 제품과 서비스를 제공하는 회사를 대할 때와 같은 마음가짐으로 친척이나 고용주, 종교 집단, 국가를 대한다. 그리고 그들이 우리에게 제공하는 것이 마음에 들지 않으면 당장 경쟁상대에게로 옮겨갈 생각부터 한다."

'그 자리를 떠나는 것으로 의사표시를 하는 것'은 확실히 개인이 공동체에 내릴 수 있는 최고의 형벌이다. 이런 행동은 실제로 그 사회의 생존 능력을 위협한다. 사람들이 많이 떠나버린 집단은 변하거나 붕괴하거나 아니면 최악의 경우 사람들을 인질로 잡아둘 수밖에 없다. 동독이 바로 후자와 같은 경우였다. 주민들이 너무 많이 떠나자 동독 정부는 적의 침입을 막기 위해서가 아니라 국민을 억지로 잡아두기 위해 베를린 장벽을 세웠다.

우리는 보통 떠난다고 하면 '고객-회사'의 경제적인 관계나

'정부-국민'의 정치적인 관계만 생각하는 경향이 있는데, 사실 어떤 관계에서나 떠날 확률은 어느 정도는 있다. 얄팍한 우정, 문제 가정, 서로 맞지 않는 결혼생활, 편협한 종교 단체, 능력이 부족한 정부 등은 모두 버림받을 위험에 직면해 있다. 그리고 떠나는 것이 최선인 경우도 실제로 있다.

그러나 너무 쉽게 떠나는 쪽을 택하면서 그것이 모든 고민과 고충을 해결해줄 그럴듯한 방법이라고 생각한다면, 이 사회는 제 기능을 다하지 못하고 타인과의 관계 또한 계속 유지될 수 없다. 또 힘겨운 상황이 닥치면 자기도 황급히 달아난다는 사실을 인정하는 이들은 드물지만 사람들은 대부분 다른 이들이 너무 쉽게 달아난다고 생각한다.

고대 로마의 위대한 웅변가인 키케로(Cicero)는 2,000년도 더 전에 이런 말을 했다. "우정의 불변성과 영속성을 보증하는 특성은 무엇일까? 바로 충성이다. 충성심이 부족한 이는 절대로 신뢰할 수 없다." 이것은 우정에만 국한된 이야기가 아니다. 충성은 우리가 맺는 모든 관계를 안정적으로 유지하는 토대다.

관계를 끊고 떠날 때 기본 전제는 그 관계가 없어야 내 삶이 더 나아진다는 것이다. 문제는 충성이 쉽게 변하는 세상에서는 자기가 달콤한 말로 아첨하는 무리에 둘러싸여 있다는 사실을 깨닫게 될 확률이 높다. 우정과 공동체의 유대감이 갈수록 약해지기 때문에 충성스러운 친구를 얻기가 예전보다 어렵다. 그 결과 우리 삶과 일의 안정성을 유지하는 일도 점점 힘들어진다.

충성은 죽었다

나를 시대에 뒤떨어진 공룡 같은 존재라고 생각해도 좋다. 나는 충성과 감사가 진정으로 존중받던 시대에서 왔다……. 이상하게도 요즘에는 충성을 성격상 결함으로 여기는 풍토가 생겼다.

– 잭 발렌티(Jack Valenti, 1921~2007), 1966~2004년 미국영화협회 회장

문명의 여명기부터 지금까지 나온 위대한 문학작품에는 충성과 배신 이야기가 거의 빠짐없이 등장했다. 고대 그리스시대에는 충성심이 결여된 영웅은 생각할 수조차 없었다. 충성에 대한 시험은 위대한 극의 초석이다. 우리는 대의를 위해 자신을 희생하는 친구나 연인, 애국자, 종교지도자를 존경한다. 또 유다처럼 개인의 이익을 위해 충의를 저버리는 배신자를 극도로 경멸한다! 어쨌든 예전에는 그랬다는 얘기다.

그런데 지금은 충성이 구시대의 유물이 되었다. 빠르게 변하는 오늘날에는 남들의 조롱을 사는 시대착오적인 개념이 된 것

이다. 충성심을 가리켜 성격적인 결함이라고 말하는 경우도 종종 생긴다. 빌 클린턴(Bill Clinton) 전 미국 대통령의 참모로 활동했던 폴 베가라(Paul Begala)는 "우리의 미디어 문화는 충성을 비웃는다. 이것을 겉치레라 여기면서 그 이면에 숨겨진 동기를 찾으려 하거나 기껏해야 생색내는 듯한 태도를 취하면서 받아들인다"라고 말했다.

충성이 사람들의 총애를 얼마나 잃었는지는 지미 카터(Jimmy Carter) 전 미국 대통령이 한 말만 보아도 알 수 있다. 토니 블레어(Tony Blair) 영국 수상의 조지 W. 부시(George W. Bush) 대통령 지지를 어떻게 생각하느냐는 질문을 받은 카터는 이렇게 대답했다. "혐오스럽고 눈 먼 충성심이에요. 확실히 비굴해 보이는군요." 미국의 전 대통령이자 노벨평화상 수상자이기도 한 카터가 '충성'이라는 단어를 모욕적인 의미로 사용한 것이다.

이런 사람은 그 혼자만이 아니다. 충성은 이미 죽었거나 생명 유지 장치로 겨우 목숨을 부지하고 있다고 주장하는 이들을 어렵지 않게 볼 수 있다. 통계자료도 이런 사실을 뒷받침한다. 기업은 평균적으로 5년 이내에 고객 절반을 잃는다. 직원이 회사를 떠나는 속도는 그보다 더 빠르다. 평균적으로 4년 이내에 직원 절반이 회사를 떠난다. 잦은 이직이 어느새 일반적인 현상으로 자리 잡았다. 베이비붐 세대 가운데 젊은 축에 속하는 이들(1957~1964년에 출생한 이들)은 평균 9.6개의 직장을 전전한다. 그들의 부모나 조부모 세대와 비교했을 때 확실히 훨씬 많은 숫자다. 퇴직할 때까지 한 회사에 계속 다닌다는 생각은 라디오 주위에 옹기종기 둘러앉은 가족을 보는 것만큼이나 구닥다리가 되었다.

평생직장이라는 개념을 하찮게 여기는 것은 회사 측도 마찬가지다. "직원이야말로 우리 회사의 가장 중요한 자산이다"라는 말을 자주 듣는다. 하지만 이런 말이 공허한 슬로건에 지나지 않는다는 사실은 경험을 통해 익히 알고 있다. 앨 던롭(Al Dunlap)은 스코트 페이퍼의 CEO로 재직하던 무렵 공장을 시찰하다가 그 회사에서 30년이나 근무한 베테랑이라고 자랑스럽게 말하는 직원을 만났다. 충성에 비판적이던 던롭의 대답은 어땠을까? "왜 한 회사에 30년씩이나 계셨습니까?"

던롭만큼 냉담한 CEO는 별로 없겠지만 CEO들도 자기가 경영하는 회사에 장기간 근속하지 않는 경우가 많다. 게다가 그들이 주로 충성을 바치는 대상은 아마 주주일 것이다. 물론 이런 태도가 아주 잘못된 것은 아니지만 주주에게만 관심을 집중하다 보면 회사의 장기적인 이해보다 눈앞의 이익만 우선하게 된다.

그 결과는 어땠을까? 대폭적인 인원 감축이 기업 구조를 개편하는 일반적인 방법으로 자리 잡았다. 한때 충직했던 직원들도 그들에 대한 회사의 충성이 더는 경제적으로 발전할 가능성이 없다는 얘기를 들었다. 기업이 인원을 감축하겠다고 발표하면 주주들은 대개 주가를 높이는 것으로 그에 반응한다.

하지만 이런 배신행위는 사무실에서 끝나지 않는다. 그 흔적은 집까지 따라오고, 사소한 접촉에서 인생을 바꿔놓을 만한 큰일에 이르기까지 사회의 모든 부분에 서서히 스며든다.

무자비한 얼굴을 한 불충이 날마다 우리를 공격한다. 선정적인 저널리즘이 오늘날처럼 번창하게 된 이유도 유명인사의 (옛) 친구들이 유명해진 친구의 숨겨진 이야기나 사진을 거리낌 없이 언론에 팔아넘기기 때문이다. 사생활을 낱낱이 털어놓은 책들이 베스트셀러 목록을 차지하는 것도 같은 이유에서다. 이 사회는 수지맞는 시장을 제공함으로써 이런 불충 행위를 적극적으로 보상해준다.

우리의 충성에 무엇이 문제인가

사회 전체의 충성심이 약해지는 것이 정말 그렇게 큰 문제일까? 충성은 우리 행복에 어떤 차이를 가져다주는가? 안드레아스 키네깅(Andreas Kinneging) 교수는 다음과 같은 수사적인 질문을 던졌다.

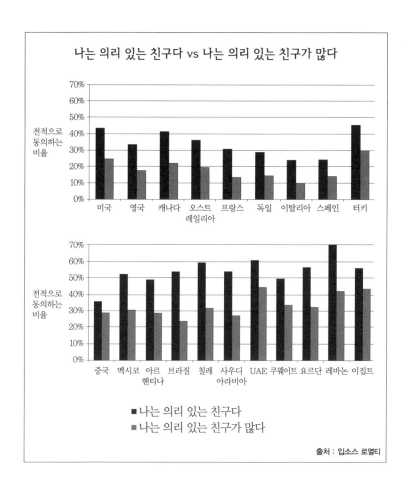

나는 의리 있는 친구다 vs 나는 의리 있는 친구가 많다

■ 나는 의리 있는 친구다
■ 나는 의리 있는 친구가 많다

출처 : 입소스 로열티

어쩌면 충성심도, '우리'라는 개념도, 공동체 의식도 희박해졌을지 모른다. 그러나 우리에게는 다른 것이 있다. 전례 없는 개인적 자유를 누리게 되지 않았는가. '나'는 무엇이든 원하는 일을 원하는 사람과 함께할 자유가 있다. 그리고 공동체나 충성, 신뢰 면에서 부족한 부분은 보험, 법률적 도움, 경찰의 보호 등을 살 수 있는 비할 데

없는 구매력을 이용해 훌륭하게 메울 수 있다. 이런 상황에서 누가 충성을 필요로 하겠는가?

문제점? 불충한 사회는 이기적인 사회다. 자기 자신에게만 충성하는 사회는 충성의 안티테제다. 한때는 값을 매길 수 없을 정도로 귀중했던 충성이 이제 경제적인 편의주의 때문에 죽어가고 있다. 진부한 농담에 나오는 한탄처럼 "원칙을 파는 것과 그것을 싸게 파는 것 중 어느 쪽이 더 나쁜지 판단하기 어렵다."

그래도 자신이 충성스럽지 않다는 사실을 솔직하게 인정하는 사람은 드물다. 사실 우리는 자신이 매우 충성스러운 인간이라고 믿는 경향이 있다. 그러나 주변에 충성스러운 친구들이 많다고는 생각하지 않는다.

이 그래프는 앞뒤가 맞지 않는다. 세상에 충성스러운 사람이 이렇게 많은데 자기 주변에는 충성스러운 사람이 별로 없다는 것이 말이 되는가? 그러니 이 가운데 진실은 분명 하나뿐이다. 여러분이 스스로 인정하는 것보다 충성스럽지 않거나 여러분이 생각하는 것보다 친구들이 더 충성스럽거나 말이다.

이 조사 결과를 보면 응답자들이 자기는 동료들을 매우 성실하게 대하는 반면 동료들은 그보다 훨씬 의리가 없다고 생각하고 있음을 알 수 있다. 그리고 물론 동료들로서는 자기가 보여주는 충성심이 훨씬 높다고 생각한다.

그렇다면 어느 쪽의 생각이 맞을까? 사람들이 대부분 신의를 충실히 지키면서도 그 진가를 인정받지 못하는 걸까? 아니면 자신의 충성심에 편견을 가지고 있는 걸까? 사실 다들 속으로는 그 답을 알고 있다. 자기 자신을 객관적으로 평가하기는 매우 어렵다. 특히 자신의 성격을 판단하는 문제는 더욱 그렇다.

터키에는 "네 친구를 보면 네가 어떤 사람인지 알 수 있다"라는 속담이 있다. 친구는 자기 모습을 그대로 비춰주는 거울이다. 우리는 여러 면에서 자신과 비슷한 이들을 주위에 두는 경향이 있다. 여러분이 친구들을 의리가 있다고 생각하지 않는다면 그들도 여러분을 그렇게 생각할 확률이 높다.

객관성이 부족해서 생기는 문제는 오직 다른 사람에게만 충성도에 문제가 있다고 생각하는 것이다. 다시 말해 남의 눈에 있는 티끌은 잘 보면서 자기 눈에 있는 들보는 보지 못하는 셈이다. "나는 충성심이 부족하다"라고 말하는 사람은 아무도 없다. 그리고 자기에게 문제가 있다는 것을 인정하지 않는 사람은 그 문제를 결코 해결할 수 없다.

충성이란 대체 무엇인가?

충성이 없으면 열매를 맺지 못한다.

        – 로런스 피어솔 잭스(Lawrence Pearsall Jacks, 1860~1955),

        영국의 교육자, 철학자, 작가

우리가 어렸을 때는 충성을 파악하기가 쉬웠다. 여러분은 친구 편을 들어주거나 변호해준 적이 있는가? 그들이 털어놓은 비밀을 지켜주었는가? 다른 사람이 형제자매를 괴롭히지 못하게 막아주었는가? 이때만 해도 '그럭저럭' 충성스럽다는 개념은 존재하지 않는다. 충성스럽거나 아니거나 둘 중 하나일 뿐이다.

하지만 어른들의 세계에서는 충성을 그렇게 간단히 재단할 수 없다. 우리는 여러 겹이나 되는 충성이 서로 겹치는 복잡한 네트워크를 이루며 살아간다. 개중에는 아주 사소한 충성도 있다. 반면 어떤 충성은 존재의 본질에 토대를 제공하기도 한다.

역설적인 얘기지만 우리는 친구의 충성을 중요시하면서도 충성이 실제로 의미하는 바에 대해서는 아주 막연히 생각한다. 미국의 정치 컨설턴트인 제임스 카빌(James Carville)은 이런 말을 했다.

개들은 충성스러운 동물로 이름이 높지만 그들이 보여주는 것은 충성이 아니라 복종이다. 마피아 영화에 자주 등장하는 '오메르타(omertà, 침묵의 계율)' 같은 것도 아니다. 사람들은 충성스러운 사람과 아첨꾼 또는 멍청이의 차이를 제대로 알지 못하는 것 같다. 아첨꾼이 할 일은 매우 쉽다. 그저 권력을 쥔 사람이 누구인지 파악해 그에게 알랑거리기만 하면 된다. 그리고 천치는 그냥 천치일 뿐이다.

카빌의 말은 전적으로 옳다. 진정한 충성은 복종도 아첨도 아니고, 다른 사람의 뜻에 맹목적으로 따르기 위해 자신의 지혜를 포기하는 것도 아니다.

그렇다면 '충성스럽다'는 말은 정확히 무엇을 의미하는가? 충성은 타인과 관계하면서 생겨나는 유대감을 받아들이고, 이 관계에 내재된 애정을 지키고 강화하는 방향으로 행동하는 것을 말한다. 좀 더 간단한 방법은 충성은 '나의'라는 말과 상응하는 말이라고 생각하면 된다.

우리가 충성을 바칠 수 있는 대상은 친구, 연인, 가족, 교회, 공동체, 국가, 고용주, 상점, 식당 등(몇 가지만 예로 들어도 이 정도다) 무수히 많다. 그중 어떤 충성은 다른 것들보다 중요할 수 있다. 하지만 어떤 경우에든 충성은 그 관계가 특별하다는 사실을 암시한다. 충성을 바치는 대상과 나 자신을 동일시하고, 그것이 어느 정도는 내게 속해 있다고 생각하기 때문에 그 대상이 특별해지는 것이다. 플레처의 말처럼 "어느 순간 논리는 사라지고 단순히 그 대상이

'내' 친구, '내' 클럽, '내' 모교, '내' 조국이기 때문에 충성을 바치게 되는 때가 온다."

'내'라는 말에는 심리적인 소유감이 내포되어 있다. 우리가 어떤 대상을 '소유'하는 이유는 그것이 삶에 중요한 가치를 안겨주기 때문이다. 그렇지 않다면 그 대상을 미련 없이 버리게 될 것이다. 그러나 소유에는 단순히 기쁨을 얻는 것 이상의 의미가 있다. 소유에는 책임이 따른다. 어떤 관계가 '내' 범주로 들어가면 그 책임이 곧 충성심으로 나타나는 것이다.

불충은 불행을 부른다

이런 식으로 충성 문제가 대두되는 것은 대부분 우리가 충성과 행복의 직접적인 관계를 보지 못하기 때문이다. 인간은 누구나 행복해지고 싶어 한다. 그 사실을 인정하고 싶지 않은 사람도 있겠지만 말이다. 미국 독립선언문에 당당히 기술되어 있는 것처럼 행복을 추구하는 것은 그 누구도 방해할 수 없는 고유의 권리라는 믿음을 가지고 있다.

우리는 다음과 같은 사항을 자명한 진리라고 생각한다. 모든 사람은 평등하게 태어났으며 창조주는 몇 가지 양도할 수 없는 권리를 부여했는데 그 권리 중에는 생명과 자유와 행복추구가 있다.

토머스 제퍼슨(Thomas Jefferson)이 독립선언문에 이 글을 썼을 때만 해도 행복추구권이라는 개념은 매우 혁신적이었다.

인간은 행복의 의미를 잘 알고 있다. 왜냐하면 인간이 지상에 존재하는 동안 대부분 이것이 일반적인 상태라고 생각하지 않았기 때문이다. 지난 2,000년 동안 이 지상에서 살다간 대다수 인간들은 삶을 유별나게 힘겹게 살았기 때문에 행복을 추구할 '권리' 같은 개념은 아예 머릿속에 떠올리지도 못했다.

프린스턴대학교 로버트 단턴(Robert Darnton) 교수는 이렇게 말했다. "2,000년 동안 인간들 대부분이 겪은 삶의 조건이란…… 남녀 할 것 없이 하루 종일 들에 나가 반노예 상태로 일하면서 빵과 묽은 수프로 연명하다가 젊은 나이에 죽는 것이었다. '고독하고, 가난하고, 불결하고, 야만적이고, 부족한' 미개 상태에서의 삶이라는 토머스 홉스(Thomas Hobbes)의 실명은 그들의 생활을 완벽하게 요약한 것이다."

당시 행복추구는 영적인 구원을 추구하는 삶, 천국에서 보낼 내세를 꿈꾸며 고난을 감내하는 삶을 의미했다. 그러던 사람들이 계몽주의시대가 되어 생활환경이 개선되면서 어쩌면 이승에서도 행복을 찾을 수 있을지 모른다고 생각하게 되었다. 불가능한 꿈이었던 행복추구가 어느덧 인생의 가장 중요한 목표가 된 것이다.

우리는 삶의 질을 높이고 행복을 추구할 수 있는 기회가 유례없이 많은 시대에 살고 있다. 부모나 조부모 세대와 비교해보면 우리는 전반적으로 더 부유하고 건강하고 세속적이며, 교육 수준도 높고, 의식주에 부족함 없이 즐겁게 살고 있다. 인류의 번영을 측정하는 어떤 기준에 비추어 봐도 우리는 역사상 그 어느 시대보다 부유하게 살고 있다.

여기에서 한 가지 의문이 생긴다. "그렇다면 우리는 지금 이 상황을 기꺼워하는가?" 행복할 '권리'에 대해 믿음을 품는 데 경제 상황 개선이 매우 중요하게 작용한다는 사실을 고려하면 요즘 사람들은 50년 전 사람들보다 훨씬 행복해야 마땅하다. 그사이에 생활수준이 극적으로 향상되었으니 말이다.

하지만 1946년(미국에서 공식적으로 '행복'에 대해 조사하기 시작한 해) 상황과 현재 상황을 비교해보면, 자신이 정말 행복하다고 말하는 사람의 비율은 전혀 늘어나지 않았다. 그리고 이것은 미국만의 일이 아니다. 선진국에서는 대부분 이와 동일한 현상이 나타났다.

문제는 가난이 사람을 비참하게 만드는 것은 명확한 사실이지만 그렇다고 해서 돈으로 행복을 살 수 있는 것도 아니라는 점이다. 경제학자 리처드 이스털린(Richard Easterlin)은 번영과 행복의 관계에 대해 독창적으로 연구한 결과 나라가 일단 가난에서 벗어나면 그 이후에는 아무리 큰 부를 축적해도 국민이 더는 행복해지지 않는다는 사실을 밝혀냈다.

남들보다 좀 더 행복한 집단이 존재하기는 할까? 물론 존재한다. 그러나 개중에는 여러분이 깜짝 놀랄 만한 집단도 있다. 그들은 미국의 아미시 공동체, 그린란드의 이누이트족, 케냐의 마사이족 등 물질적으로 수수하게 살면서 대부분 현대사회와 상당히 다른 문화 속에서 살아간다.

실제로 아미시 사람들이 '쉽게 동요되지 않고 명랑하게' 살아가는 모습을 자주 볼 수 있다. 어떻게 그럴 수 있을까? 사회학 교수 도널드 크레이빌(Donald Kraybill)은 이렇게 논평했다. "그들이 느끼는 행복의 뿌리는 공동사회의 가치와 연결되어 있다. 그들은 협동을 논하고 극기를 주장한다. 또 공동체를 위해 여러 가지를 포기해야 한다고 말한다." 아미시 공동체에 사는 한 여인의 말을 들어보자. "우리에게는 100~150명이나 되는 친척이 있는데, 그들은 모두 우리가 힘들 때면 언제나 돌봐줄 준비가 되어 있다. 이것이 우리가 당연하게 여기는 보장이다."

세계 대부분의 지역에서는 '확대' 가족이 핵심적인 가족구조를 이룬다. 부모와 그 자녀들 외에 조부모, 이모, 고모, 숙부, 백부, 사촌 등이 긴밀히 구성된 공동체를 이룬다. 하지만 서구 사회에서는 엄마, 아빠, 아이들로만 이뤄진 '핵' 가족으로 재편되려는 움직임이 강하게 나타났다. 그 결과 많은 문화권에 존재했던 확대가족 기반의 공동체가 서구 지역에서는 직계가족으로 축소되었다.

그러나 이제는 핵가족이라는 말로도 전형적인 서구 가족의 모습을 제대로 표현하지 못하게 되었다. 1950년에는 전체 가족의 45퍼센트를 핵가족으로 분류할 수 있었지만 오늘날에는 그 비율이 25퍼센트 이하로 줄었다. 이렇게 변한 이유야 고령 인구 증가, 이혼율 상승, 비혼자 수 증가 등 무수히 많지만 어쨌든 사회 전체가 가족을 기반으로 형성되던 과거 공동체 구조에서 점점 멀어지는 결과를 낳았다.

가족구조의 이러한 변화는 우리 사회가 점점 도시화되면서부터 나타났다. 이것은 별로 놀랄 일이 아니다. 일반적으로 도시는 우리에게 좀 더 다양한 경제적·문화적 기회를 제공한다. 따라서 행복을 추구하다 보면 어느덧 자연스럽게 도시로 이끌리게 된다.

그런데 점점 도시화되면서 사회적 상호작용은 오히려 줄어들었다. 아이러니컬하게도 점점 더 많은 사람들과 아주 가까운 거리에서 부대껴야 하는 도시에 살고 있는데도 도시화는 실제로 우리의 상호 연관성을 떨어뜨렸다.

심리학자 데이비드 마이어스(David Myers)의 말처럼 "긴밀하고 서로 격려하며 단단히 결속된 관계가 행복에 도움이 되는데, 오늘날에는 그런 관계가 예전보다 줄어들었다"라는 것이 문제다.

그 결과 지금 내가 행복하지 않은 이유는 행복을 추구하는 과정에서 그 토대를 무시하기 때문이라는 사실을 깨닫게 되는 경우가 많다.

충성을 낭비하면

우리에게 선천적으로 부족한 것으로 생긴 결과는 우리를 괴롭히지 않는다. 그보다는 오히려 다른 이들과 기꺼이 나눌 수 있는 것 때문에 괴롭다. 우리는 행복을 추구하는 과정에서 다른 이들과 충성을 주고받지만 그런 식으로 충성을 거래하는 것이 행복의 토대를 망가뜨린다는 사실은 깨닫지 못한다.

우리를 가난의 굴레에서 풀어준 경제적 엔진은 우리가 원하는 것을 얻으려면 시간과 노동력을 바쳐야 한다는 사실도 가르쳐주었다. 여기서 중요한 문제는 생활필수품과 우리 시간을 맞바꾼다는 사실이 아니라 뭔가를 얻기 위해 가족의 시간, 친구의 시간, 궁극적인 목표를 이루기 위한 시간을 바쳐야 한다는 것이다.

물론 뭔가를 사는 것은 잘못된 일이 아니다. 또 자신이 원하는 것을 얻기 위해 다른 뭔가를 희생하는 것도 나쁘지 않다. 문제는 자신을 행복하게 만드는 것이 무엇인지에 대해 끔찍하게 잘못 예측하고, 그 결과 자신이 얻고자 하는 바와 그것을 위해 기꺼이 희생할 수 있는 대상을 아주 잘못 결정하는 것이다.

수많은 연구 결과가 인간은 물건보다 경험으로 훨씬 더 큰 즐거움을 얻는다는 사실을 증명한다. 왜 그럴까? 좋은 음식, 휴가, 영화 같은 경험은 다른 이들과 함께 나누는 이벤트인 경우가 많은 반면 물건은 대부분 그렇지 않기 때문이다.

행복한 사람과 불행한 사람을 구분하는 가장 중요한 요소가 타인과의 관계라는 점을 생각하면 이는 당연한 현상이라고 할 수 있다. 이것은 돈보다 중요하고 심지어 건강보다도 중요하다. 그러나 우리는 자신을 더 행복하게 만들어주지 못하는 것을 손에 넣기 위해 충성심을 맞바꾸는 일이 종종 있다. 예를 들면 돈을 버는 일 같은 것 말이다.

행복에 관한 한 세계적인 권위자 가운데 한 사람인 하버드대학 다니엘 길버트(Daniel Gilbert) 교수는 "수많은 연구에서 얻은 데이터를 분석하면서 돈을 어느 정도 벌면 그 이상 악착같이 돈을 좇지 말아야 한다는 사실을 깨닫게 되었다. 행복감을 조금만 더 높이려 해도 돈이 엄청나게 많이 필요하다는 것을 알게 되었기 때문이다. 누가 10만 달러를 준다 하더라도 손녀딸들과 함께 놀 시간을 포기하지 않을 것이다. 이는 내가 돈이 넘쳐나서가 아니다. 10만 달러도 손녀들과 돈독한 관계를 쌓는 것만큼 나를 행복하게 해주지 못하리라는 것을 잘 알기 때문이다"라고 했다.

충성도에 대한 자기 평가

충성은 우리 삶의 모든 측면과 개인적·경제적·정신적·사회적 관계를 에워싸고 있다. 충성이 불러일으키는 반향은 일상생활뿐만 아니라 이 세상 자체에 영향을 미친다. 따라서 이 세상을 괴롭히는 병을 치료하려면 먼저 우리를 고통스럽게 하는 문제부터 고쳐나가야 한다.

우리의 충성이 앓고 있는 병을 고치기 위한 첫 번째 단계는 자기 성찰로 시작된다. 다른 사람들과 어떤 식으로 관계를 맺고 있는지 이해하려면 스스로 솔직하게 평가해야 한다.

또 충성이 우리 삶의 각 부분에서 하는 역할에 대해 거침없이 질문을 던져봐야 한다. 이 방법을 이용하면 삶의 질을 높이고 자기 자신과 타인의 행복을 동시에 고취할 수 있는 부분이 어디인지 확실히 깨닫게 된다. 잠시 짬을 내 다음 질문을 생각해보자. 이 질문은 우리가 지닌 충성의 강점과 약점을 평가할 수 있는 시작 지점이 된다. 1은 전혀 동의하지 않음, 5는 전적으로 동의함을 의미하는 1부터 5까지의 단계별 점수표에서 여러분은 다음 각 지문에 어떤 점수를 매기겠는가?

1. 지금껏 살면서 내 일을 위해 가족이나 친구, 사랑하는 이들과의 관계를 희생한 적이 한 번도 없다.	1 2 3 4 5
2. 친구의 성공에 질투를 느껴본 적이 없다.	1 2 3 4 5
3. 가족과 친구, 사랑하는 이들과 관계에서 어떤 대가를 바라지 않으면서 무조건적으로 베풀기만 한다.	1 2 3 4 5
4. 돈 쓸 곳을 정할 때면 늘 가격보다는 긍정적인 관계를 우선시한다.	1 2 3 4 5
5. 매주 내가 충성해야 하는 이들과 시간을 보내기 위해 의식적으로 노력한다.	1 2 3 4 5
6. 항상 내재적 노력과 공개적 노력을 동시에 진행한다.	1 2 3 4 5
7. 현재 고용주에게 열렬히 충성하고 있다.	1 2 3 4 5
8. 지난 12개월 사이에 친구, 가족, 사랑하는 이들에게 의무를 다하기 위해 상당한 희생을 치렀다.	1 2 3 4 5
9. 친구들은 내가 '대단히 충성스러운' 친구라고 주저 없이 말할 것이다.	1 2 3 4 5

이 질문에 전부 '5'라고 답한 사람은 테레사 수녀가 환생한 것이거나 그것이 아니면 착각에 빠져 있는 것이다. 여기에는 정답이 없다. 그저 여러분 삶에서 충성의 역할이 무엇인지 진지하게 생각해보자는 것이 요점이다. 이러한 자기 평가 질문은 충성을 여러분 인생의 중요한 부분으로 만들 기회를 일깨워주기 위한 것이다.

내가 먼저 주어야 하는 것

살면서 늘 충족감을 느끼려면 어떻게 해야 할까? 누구나 이 질문에 대한 답을 얻고자 갈망한다. 그러나 그 답을 알아내기 위한 노력은 거의 하지 않는다. 그보다는 자신이 중요한 인물이라는 생각이 들고, 흥미진진하며, 안정된 느낌을 주는 일을 주로 한다. 또 부와 권력, 명성, 탁월성, 지식 등을 좇느라 시간을 다 보낸다. 물론 이런 일들이 본질적으로 잘못된 것은 아니다. 그러나 그 목표를 이룬다 하더라도 행복감을 지속적으로 느낄 수는 없다.

성취감은 타인을 위해 나 자신을 아낌없이 던질 때 비로소 얻을 수 있다. 사랑이 그렇듯이 충성도 남에게서 받는 것이 아니라 내가 먼저 주는 것이다. 그리고 사랑과 마찬가지로 오랜 시간에 걸쳐 고난과 시련을 뚫고 계속 충성을 바치다보면 결국 서로 충성하는 마음이 싹트게 된다. 그리고 이를 통해 다른 방법으로는 결코 이룰 수 없는 만족감과 행복의 심오한 근원이 되는 관계가 형성된다.

하버드대학 철학교수 조사이어 로이스(Josiah Royce)는 "한 세기 전만 해도 충성은 모든 이들이 얻고자 노력하는 대상이었으며 이를 통해 다른 어디서도 찾을 수 없는 정신적인 안정과 평화를 얻을 수 있었다"라고 했다. 충성은 상황이 좋을 때나 나쁠 때나 가족, 친구, 연인을 하나로 묶어준다. 또 사회 전체로 볼 때 원칙의 힘으로 사리사욕을 억누르는 방법이기도 하다.

우리는 자신이 하는 모든 일에 선택권을 가지고 있다. 또 우리 주변이 앞으로 띠게 될 모습도 바꿀 수 있다. 인생의 모든 부분에서 우리를 떠받쳐주고 충족감과 행복감을 지속적으로 느끼게 해주는 충성스러운 관계를 맺을 수도 있다.

그러나 이런 일은 그냥 이루어지는 것이 아니다. 현재 자신이 품고 있는 몇 가지 신념에 의문을 제기하고 오랫동안 유지해온 행동 양식도 바꿔야 한다. 자, 도전할 준비가 되었는가? 그러면 다음 장으로 넘어가자.

내가 정말 충성하고 있는
대상은 무엇인가?

자기 개선의 시작점은 자기 인식이다.
– 벨타사르 그라시안(Baltasar Gracián, 1601~1658), 스페인의 작가

"나는 남부럽지 않게 착하고 똑똑하다. 그리고 나 같은 사람들을 저주한다!" 우리가 평소에 하는 자기 반성적인 분석은 현실적인 평가라기보다 〈새터데이 나이트 라이브(Saturday Night Live)〉에 나오는 코미디 촌극 '스튜어트 스몰리와의 긍정적인 하루' 쪽에 가까운 경우가 많다.

'공개 오디션' 현장에서 시간을 보내본 적이 있거나 〈아메리칸 아이돌(American Idol)〉에 나오는 오디션 광경을 본 적이 있다면 팀 맥그로(Tim McGraw)나 페이스 힐(Faith Hill)이 되고 싶어 하는 오디션 참가자들 가운데 실제 그 직업에 필요한 재능을 지닌 이는 극히 소수라는 사실을 금세 깨닫게 된다. 그러나 그 자리에 나가 노래를 부르는 이들은 청중 또는 사이먼 코웰(Simon Cowell)의 부정적인 반응을 자신의 재능에 대한 정확한 평가로 받아들이기보다 곧장 잊어버리는 경우가 많다.

이런 자기기만적인 태도를 우스워하거나, 불쌍하게 여기거나, 짜증을 낼 수도 있겠지만 사실 자기 자신을 평가할 때 객관성이 부족한 것은 누구나 마찬가지다. 우리는 자신의 결점은 최소화하고 장점은 과장해서 말하며, 자기 생각을 뒷받침하는 정보에는 열심히 매달리면서 그와 상충되는 사실은 금방 잊어버린다. 이것이 우리 뇌가 작동하는 방식이다. 뇌는 우리가 품고 있는 이미지를 주변 환경과 일치시키려 애쓴다.

자아상을 의심받으면 마음이 불편해진다. 유명한 작가 올더스 헉슬리(Aldous Huxley)의 말처럼 "사람들이 대부분 자기 자신에 대해 무지한 상태로 남아 있는 것은 자기 인식 과정이 고통스러워 다들 즐거운 환상에 빠져 있는 쪽을 택하기 때문이다."

타인과의 관계 개선은 언제나 자기 자신을 개선하는 데서 시작된다. 그러나 자신에 대한 현실적인 평가가 없다면 계속 무턱대고 살아가게 될 것이다. 타인과 상호작용하는 방식 그리고 자기가 정말 충성을 바치는 대상이 무엇인지 정확히 알아야 한다. 또 이것이 우리 행복과 어떤 관계가 있는지도 알아야 한다.

나는 어떤 관계를 맺고 있는가?

지금 〈리처드 앤 주디(Richard & Judy)〉(영국의 텔레비전 프로그램)를 보는데 리처드 때문에 자꾸 짜증 난다. 그는 계속 주디를 얕보고 그녀의 말을 중간에 끊고 게스트들에게 질문한 뒤 자기 혼자 대답하면서도 자기가 아주 웃기는 줄 안다! 나만 이렇게 생각하는가, 아니면 다른 사람들도 모두 똑같이 생각하는가?

—야후! 지식인(Yahoo! Answers)에 올라온 내용

〈리처드 앤 주디〉라는 텔레비전 프로그램을 본 적이 있건 없건 상관없이 우리 모두 그녀가 느끼는 감정을 이해할 수는 있다(그 감정에 동의하는지 여부는 별개 문제다). 왜 그럴까? 다들 자기가 아는 누군가에 대해 이와 비슷한 감정을 느껴본 적이 있기 때문이다. 그리고 솔직히 말해 다른 누군가도 우리에게 이런 감정을 품었을 확률이 매우 높다.

때로는 자신의 어떤 면이 그런 알력이 생기는 데 일조했다는 사실을 인정하기도 한다. 그러나 보통 사람들은 대개 자신을 불쾌하게 대하는 이를 보며 "저 사람 대체 왜 저래?" 하기 십상이다. 양쪽 모두 실제로 잘못한 점이 없다고 가정한다면 서로 성미가 맞지 않기 때문에 이런 관계를 맺게 되었을 개연성이 크다.

사람들은 누구나 상대방과 상호작용하는 방식에 암호 역할을 하는 자신만의 관계 DNA를 가지고 있다. 나인과 관계를 맺는 방식이 나와 완벽하게 일치하는 사람은 세상에 존재하지 않지만 그래도 연구를 거쳐 모두 똑같은 기본 요소 10개로 이루어져 있다는 사실을 알아냈다.

- 리더십
- 의존도
- 공감
- 안심
- 계산적 성향
- 유대감
- 독립심
- 전통 고수
- 문제 중심의 대처
- 감정 중심의 대처

특정 요소가 높거나 낮은 것이 반드시 좋거나 나쁜 것은 아니다. 우리가 어떤 요소를 많이 지녔든 상관없이 각 요소는 우리가 맺는 관계에 긍정적인 영향과 부정적인 영향을 모두 미칠 여지가 있기 때문이다. 예를 들어 의존도(다른 사람을 신뢰하고 애착을 느끼는 능력)가 높은 사람의 경우 타인을 자신의 삶에 포함시키기가 비교적 쉽지만 그들을 사회적 지지망이라기보다 개인적인 '버팀목'으로 여기는 경향이 있다. 반면 의존도가 낮을 경우 혼자 힘으로 문제를 해결하기는 훨씬 쉽지만 다른 사람의 도움이 절실히 필요할 때 그 사실을 인정하고 도움을 구할 수 있는 능력이 줄어들 우려가 있다.

개중에는 다른 요소들보다 우리 삶에 더 중요한 것들도 있기는 하지만 전부 다 어느 정도는 타인과 상호작용하는 방식에 영향을 미친다. 또 관계 유형이 나와 비슷한 사람도 분명 존재하지만 완벽하게 똑같은 이는 아무도 없다. 사실 우리가 다른 이들과 굳

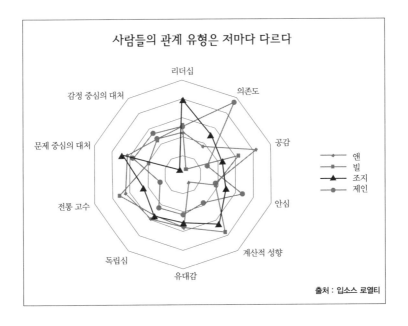

건하고 충성스러운 관계를 맺을 수 있는 이유도 각자 성향이 다르기 때문이다. 우리는 이런 차이를 활용해 서로 삶을 풍요롭게 만들 수 있다.

관계 유형의 구성 성분

리더십

리더십은 주도적인 위치를 효과적으로 차지하고 다른 이들이 자발적으로 여러분을 따르도록 감화할 수 있는 능력에 대한 신념을 나타낸다. 자신을 어느 정도까지 리더로 바라보는지도 알려준다. 리더에게 필요한 특성은 자기 자신과 주변 사람을 통제할 수 있고 성공하고자 하는 열의가 강하며, 타인과 관계가 만족스러운 수준에 도달했고 위험을 무릅쓰는 것을 두려워하지 않는다는 전반적인 의식으로 요약할 수 있다.

리더십이 강한 사람은……

리더에게 흔히 보이는 경쟁심이 야망에 불을 붙이며, 사람들은 이것을 불굴의 정신으로 여겨 기꺼이 뒤를 따른다. 이런 특성은 다른 사람들을 끌어들여 동참시키는 방법을 파악하는 데는 도움이 되지만 다른 이들 눈에 경쟁심이 너무 강하고 저돌적으로 비춰지면 주변 사람들과 관계가 소원해질 수도 있다.

리더십이 약한 사람은……

경쟁적이거나 저돌적이지 않은 태도는 주변 사람을 편하게 만들지만 다른 사람들의 주의를 끌어 자기 일에 동참시키는 능력을 저해할 수도 있다.

의존도

의존도는 주변 사람을 신뢰하고 애착을 느끼는 능력이 얼마나 뛰어난지 알려준다. 이것은 솔직한 태도와 책임감을 토대로 하는 개인적인 지원망을 구축하고 싶어 하는 욕구를 드러낸다. 의존도가 높은 이들은 별다른 어려움 없이 다른 이들에게 기꺼이 신속하게 마음을 연다. 그리고 타인의 도움이 필요할 때는 주저 없이 도움을 청한다.

의존도가 높은 사람은……

다른 이들에게 마음을 열기가 비교적 쉽고 타인을 자기 삶에 포함시키기를 좋아한다. 인내심과 신뢰를 쌓고자 하는 욕구 덕분에 대부분 지인이나 친구들과의 관계가 오랫동안 지속된다. 하지만 타인에게 전적으로 의존하다 보면 상처받기 쉽고 그 사람에게 실망할 위험성도 있다. 또 혼자 힘으로 문제를 해결할 수 있다는 자신감을 잃을 수도 있고, 다른 사람들을 사회적 지지망이라기보다 개인적인 버팀목으로 여기게 될 수도 있다.

의존도가 낮은 사람은……

다른 사람에게 의지하지 않고 자발적으로 문제를 해결하려는 경향이 있다. 타인에게 지나치게 의존하지 않으려고 조심한다면 그들에게 실망할 위험성이 줄어들지만 타인에 대한 인내심과 신뢰에 자꾸 제약을 두다보면 장기적인 관계를 맺는 능력이 떨어지기도 한다.

공감

공감은 자신을 다른 사람과 동일시하고 그의 감정에 공명하는 능력이 얼마나 뛰어난지 보여준다. 좀 더 융통성 있는 시각으로 타인의 본모습을 있는 그대로 받아들이면서 가치를 인정하는 성향이다. 다른 이들의 마음을 끄는 친밀함과 호의를 풍긴다.

공감 능력이 뛰어난 사람은……

정이 많고 친절하며 이해심 넘치는 태도로 다른 이들에게 다가간다. 타인의 눈과 마음을 통해 문제를 바라볼 수 있기 때문에 자신도 모르는 사이에 사람들의 칭찬을 듣고 호감을 산다. 하지만 감정이입을 잘하기 때문에 때로는 부담을 느끼기도 하고, 다른 사람들이 계속해서 도움이나 조언을 구하는 등 뜻하지 않게 자기를 이용하고 있다는 생각이 들기도 한다.

공감 능력이 약한 사람은……

다른 사람 문제로 부담을 느낄 수 있는 상황을 피하는 경향이라서 남들에게 이용당할 위험은 줄어든다. 그러나 한편으로는 다른 사람의 눈과 마음을 통해 문제를 바라보지 못하기 때문에 그들과 거리가 생길 수 있다.

안심

안심은 자기 자신과 주위 환경에 대해 느끼는 전반적인 안정감과 편안함을 말한다. 모든 일이 잘 풀리고 있으니 지나치게 걱정하거나 불안해할 필요가 없다는 생각을 뒷받침해주는 것이다. 그래서 스트레스나 압박감을 적게 받고 무슨 일이 벌어지지 않을까 괜스레 걱정하지 않는다.

안심 점수가 높은 사람은……

언제나 든든하게 자신감과 편안함을 느끼며 살아가는 순간순간을 즐길 줄 안다. 긴장을 풀고 불안감과 스트레스를 잘 관리한다. 하지만 지나치게 느긋한 태도는 상황을 예측하고 장차 문제를 일으킬 여지가 있는 위험을 예방하는 능력에 방해가 될 수도 있다.

안심 점수가 낮은 사람은······

늘 불안하고 초조해하며 뭔가 일이 잘못되거나 앞으로 나쁜 일이 벌어질 것이라는 생각이 밑바닥에 깔려 있다. 이런 성향 덕분에 지나치게 느슨해지는 것은 막을 수 있지만 이것이 더 큰 걱정을 낳아 순간순간을 즐기는 능력에 영향을 미친다.

계산적 성향

계산적 성향은 자신의 이미지와 개인적 이득에 이상적인 환경을 만들어 관리하고 활성화하는 능력을 말한다. 이것은 세상 모든 사람과 모든 상호작용에는 복합적인 층이 존재한다는 본질적인 믿음을 바탕으로, 타인과 그들이 우리 삶에서 하는 역할을 지속적으로 평가하는 것이다. 이를 통해 타인과 상호작용하는 데 일정한 형식이 생겨나고 자신을 선택적으로 표현하게 되며 자기 제시를 통제하게 된다.

계산적 성향이 높은 사람은······

어떤 관계에서 얻을 수 있는 잠재적 이익과 손실을 짐작할 수 있다. 상황에 맞게 자신을 드러내는 것을 중요하게 생각한다. 하지만 이런 태도를 본 다른 이들은 여러분이 별로 정직하지 않고 완벽하게 신뢰할 만한 가치가 없는 사람이라고 여기게 된다. 또 어떤 상황에서는 냉정하고 속임수를 잘 쓰는 사람으로 인식되기까지 한다.

계산적 성향이 낮은 사람은……

타인과 관계를 놓고 잠재적 이익이나 손실 가능성을 계산하는 경우가 별로 없다. 겉으로 드러나는 이미지를 애써 관리하려 하지 않고 자기 본연의 모습을 편안하게 보여준다. 이런 태도 덕분에 다른 사람들은 여러분을 성실하고 믿을 수 있는 사람으로 여기게 된다. 이렇게 진실한 모습을 보여줄 수 있는 능력은 매우 고무적이지만 지나치게 고지식하거나 눈앞에 놓인 기회의 잠재력을 완전히 깨닫지 못하는 사람이라는 느낌을 줄 여지도 있다.

유대감

유대감은 여러분이 개인 차원에서 타인을 어떻게 바라보고 또 상호작용하는지 설명한다. 가깝고 긴밀한 관계는 이 요소의 핵심을 보여주는 전형적인 특징이다. 타인과의 유대감은 행복의 기반이 된다. 상호작용이 긴밀하고 잦은 유형이나 사람들을 탐색하고 손쉽게 다가가는 유형이 모두 여기에 포함된다.

타인과 유대감이 강한 사람은……

살면서 맺는 여러 관계에 열심이며 그런 관계를 발전시키는 데 시간과 노력, 신념을 바친다. 하지만 관계의 고리가 약해지면 심하게 동요한다. 사람들과 맺는 개인직인 유대에 높은 가치를 두기 때문에 관계가 악화되면 거북함을 느낄 수 있다.

타인과 유대감이 약한 사람은……

친밀한 관계를 유지하느냐, 못 하느냐에 행복이 좌우되지 않기 때문에 개인적인 관계가 악화되더라도 실망하거나 불편함을 느낄 여지가 적다. 하지만 성격이 이렇기 때문에 고독감을 쉽게 느낄 수 있고, 표면적인 우정/관계로만 채워져 깊고 강렬한 유대가 주는 충족감을 기대하지 못하는 삶을 살 수도 있다.

독립심

독립심은 혼자 시간을 보내거나 자율적인 삶을 살면서 느끼는 편안함의 정도를 말한다. 자신의 운명을 직접 통제하는 기분을 어떻게 받아들이느냐는 뜻이다. 자기 수양과 철저함은 이런 태도를 견지하는 데 꼭 필요한 요소다.

독립심이 강한 사람은……

자기가 운전석에 앉아 있는 듯한 기분을 느낀다. 평소 자제력이 강하지만 이런 원칙이 깨졌을 때 자기 자신에게 실망할 수 있다. 독립심이 강한 사람은 다른 사람 때문에 실망하는 일이 별로 없지만 한편으로는 다른 사람의 아이디어와 장점을 이용할 소중한 기회를 놓칠 수도 있다.

독립심이 부족한 사람은……

다른 사람의 아이디어에 기대어 그것을 이용하곤 한다. 그리고 다른 이들과 함께 있을 때 기쁨을 느끼는 경우가 많다. 하지만 이런 성향 때문에 타인에게 지나치게 의존하거나 자신에게 가장 적합한 결정을 내릴 기회를 놓치기도 한다.

전통 고수

전통 고수는 여러분이 좋아하는 일상생활의 자연스러운 모습과 속도에 대한 인식을 보여준다. 이것은 조화, 정상적인 상태, 질서에 대한 욕구를 그대로 반영한다. 익숙하지 않은 상황에 접근할 때는 극도로 조심성을 발휘하며, 자신이 정해놓은 안전지대 안에서만 움직이려는 경향이 있다. 자신을 내세우거나 과시할 필요성을 전혀 느끼지 못한다.

전통 고수 경향이 강한 사람은……

일을 처리할 때 안전하고 유효성이 증명된 방법을 택하려는 경향이 강하다. 또 새로운 환경에서는 신중함을 보인다. 자신의 성공을 과시하지 않고 겸손하게 행동하는 것을 좋아한다. 하지만 이런 태도 때문에 다른 사람들은 여러분의 업적이나 잠재력을 알지 못하며, 여러분은 새로운 관점과 자극을 제공해줄 신선한 경험을 할 기회를 놓칠 수도 있다.

전통 고수 경향이 약한 사람은……

열린 마음으로 새로운 아이디어와 경험을 받아들일 확률이 높아 남들과 다른 신선한 관점을 취할 수 있다. 변화를 기꺼이 받아들이고 익숙한 안전지대에서도 쉽게 빠져나온다. 하지만 이런 성향 때문에 자주 주의가 분산되고 미개척지에서 길을 잃은 듯한 느낌을 받을 때도 있다.

문제 중심의 대처

문제 중심의 대처는 힘든 과제를 해결하고 장애물을 극복하며 결정을 내린 뒤 그 결정에 따르는 결과를 감수하는 방식을 일컫는다. 문제 중심의 대처는 계획적이고 합리적인 문제 해결 방안으로, 위협적인 상황을 완화·회피·최소화할 수 있는 행동을 취해 부정적인 감정이 생기는 것을 피한다.

문제 중심의 대처에 능한 사람은……

문제를 해결할 때 강한 이성과 합리성을 발휘한다. 문제를 다양한 각도에서 검토해 당면한 문제의 요지를 확실히 파악한 뒤 문제를 해결하기 위한 계획을 세운다. 하지만 이런 성향 때문에 문제를 사무적으로 제시하는 일에 얽매일 수 있고, 이로써 차갑고 냉담한 사람으로 비춰질 수 있다.

문제 중심의 대처에 능하지 못한 사람은……

조직적이고 분석적인 틀을 이용해 문제를 해결하는 경우가 드물다. 이런 성격은 문제의 근원을 파악해 효과적으로 해결하는 데 장애가 된다.

감정 중심의 대처

감정 중심의 대처는 힘든 과제를 해결하고 장애물을 극복하면서 결정한 뒤 그 결정에 따르는 결과를 감수하는 방식을 일컫는다. 감정 중심의 대처는 문제를 해결할 때 감성을 소질해 불쾌한 감정은 곧바로 절제하거나 제거하는 데 중점을 둔 방식이다.

감정 중심의 대처에 능한 사람은……

자기감정을 공공연하게 드러내면서 남들에게 조언과 위로를 구한다. 문제에 봉착했을 때는 자신을 괴롭히는 문제가 아니라 다른 일에 집중하는 경향이 있다. 이런 태도는 감정을 억누르는 데는 도움이 되지만 절박한 문제를 해결하는 데는 신경 쓰지 않고 자신이 느끼는 감정에만 지나치게 집중할 수 있다.

감정 중심의 대처에 능하지 못한 사람은……

자기감정을 겉으로 잘 드러내지 않고 문제가 생겨도 남들에게 조언과 위로를 구하려 들지 않는다. 오히려 자신을 힘들게 하는 문제에 집중한다. 이런 성향 덕분에 눈앞에 닥친 문제를 해결하는 데는 집중할 수 있지만 자기감정을 지나치게 억누르거나 다른 사람의 귀중한 조언을 놓칠 우려도 있다.

다양한 관계 유형을 결속하는 충성

누구나 살다 보면 그럭저럭 좋은 관계를 유지하면서도 한편으로는 자신을 짜증나게 만드는 속성이 있는 사람을 만나게 마련이다. 친구들도 때로는 똑같은 말을 할지 모른다. 우리의 관계 유형 가운데는 때로 우리에게 매우 중요한 이들에게 그리 매력적으로 비춰지지 않는 일면이 있게 마련이다. 아무리 자기도취증이 심한 사람이라도 이것만큼은 인정할 수밖에 없다. 그래도 우리는 이런 관계를 유지하기 위해 계속 노력한다. 대체 그 이유가 뭘까?

서로에 대한 충성이 다양한 관계 유형의 연결을 중재하기 때문이다. 그렇지 않다면 우리가 맺은 모든 관계는 어느 시점엔가 붕괴될 것이다. 우리는 충성의 이런 측면을 소중히 여긴다. 이것은 때로 최선의 행동을 보여주지 못하더라도 버림받지 않을 것이라는 것을 의미한다.

실제로 단지 상대방이 나에게 충실하다는 이유 하나 때문에 관계를 유지하는 경우도 종종 있다. "그 사람은 결점이 아주 많지만 그래도 나한테는 충실해" 같은 말을 그렇게 자주 들을 수 있는 것도 바로 이 때문이다. 한 가지 예로 인터넷 곳곳에서 이런 문구들을 손쉽게 찾아볼 수 있다.

- 그는 무능하지만 그래도 충실해.
- 그가 썩 훌륭한 일을 한 적이 없다는 건 나도 인정하지만 자기 주변 사람들한테만큼은 성실해.
- 그 여자는 정말 못됐지만 자기 친구들한테는 의리가 있어.

하지만 다양한 관계 유형을 중재하는 충성의 경우 단순히 상대에게 충성심을 느끼는 것만으로는 부족하다. 우리가 헌신하는 대상(친구, 가족 등)이 우리가 그들에게 충성스럽게 행동했고 앞으로도 계속 그럴 것이라는 사실을 인지해야 한다. 하지만 내가 생각하는 충성도는 친구나 가족이 생각하는 것과 상당히 다르기 때문에 이 부분에서 문제가 발생하는 경우가 많다.

나와 상대방 양쪽에서 바라본 충성

사람들은 누구나 행복해지고 싶어 한다. 따뜻하고 긍정적인 반응을 느끼며 행복감에 젖고 싶어 하는 것은 인간의 본성이다. 그리고 자신의 자아상이 흔들릴 만한 정보를 두려워하는 것 또한 인간의 본성이다.

그리고 이 때문에 옴짝달싹 못하는 처지에 놓인다. 행복해지기 위해서는 행복에 도달하는 것을 방해하는 온갖 장애물과 맞서야 한다. 그리고 그런 장애물은 대개 우리 안에 존재하며, 특히 충성을 드러내는 방식과 관련이 있다.

이런 상황을 개선하려면 무엇보다 먼저 자신의 현재 위치를 파악해야 한다. 자신의 충성도를 어떻게 정의하는지 알아야 하는 것이다. 그러나 속담에도 있듯이 '액자 안에 들어가 있는 사람은 그림 전체를 볼 수 없는 법'이다. 그러니 우리가 다른 사람들에게 어떻게 충성을 표현하는지 제대로 알아볼 필요가 있다.

여러분의 시각과 친구, 가족의 시각 양쪽에서 바라본 충성이 어떤 모습인지 확실하게 밝힌다면 자신의 현재 위치뿐만 아니라 원하는 목적지에 도달하기 위해 나아가야 하는 방향까지 파악할 수 있을 것으로 기대된다. 충성은 우리의 본질을 규정한다. 이것을 제대로 이해하고 행동한다면 미래 모습까지 규정할 수 있다.

충성이 바탕이 된
관계 형성하기

아무리 좋은 것을 다 가졌어도 친구 없이 살고 싶어 하는 사람은 없다.

– 아리스토텔레스(Aristoteles, BC 384~BC 322), 고대 그리스의 철학자

자신이 가장 열렬히 충성하는 대상으로 사람들은 대부분 친구나 가족, 배우자, 연인 등을 떠올린다. 실제로 이런 관계에서의 충성이 행복에 가장 크게 영향을 미치는 것이 사실이다.

안타깝게도 최근 연구 결과는 평균적인 미국인이 사귀는 친구 수나 교우 관계의 질이 1985년 이후 계속 하락하고 있음을 보여준다. 실제로 미국인 가운데 25퍼센트는 개인적으로 중요한 일을 털어놓을 수 있는 친한 친구가 없다고 했다. 또 1인당 절친한 친구 수는 평균 2명에 불과했다. 20년 전만 해도, 그러니까 우리가 태어난 이후에도 미국인에게는 중요한 일을 함께 의논할 수 있는 친구가 평균 3명은 있었다. 미국 인구의 10~15퍼센트, 즉 3,000만~4,500만

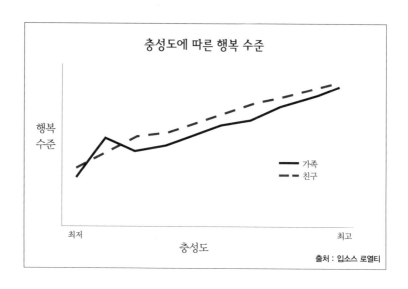

충성도에 따른 행복 수준

행복
수준

최저　　　　충성도　　　　최고

가족
친구

출처 : 입소스 로열티

명 정도는 만성적으로 고독하다는 것이 우울한 현실이다.

　우리는 미국인이 사귀는 친구 수나 교우 관계의 질적 하락만 조사한 것이 아니다. 오늘날에는 결혼한 부부가 이혼할 확률이 50년 전에 비해 훨씬 높다. 한편으로는 평생 결혼하지 않고 혼자 사는 비혼자 비율이 극적으로 증가해 일부 국가에서는 가파른 상승 곡선을 그리고 있다. 예를 들어 일본의 경우 결혼하지 않고 혼자 사는 쪽을 택한 이들이 늘어나면서 출생률이 떨어지고 인구 고령화 문제가 심각해져 이대로 가다가는 국가 경제력을 유지하기가 불가능할 정도다.

　흥미로운 점은 관계가 유지되도록 도와주는 정보가 부족해 이런 현상이 벌어지는 것은 아니라는 사실이다. 실제로 〈북스 인 프린트(Books in Print)〉만 슬쩍 훑어봐도 이것이 우리 삶에서 매우 중요한 주제라는 사실을 알 수 있다. 이 세상에는 친구 사귀기만을 주제로 한 책이 5만 권이나 나와 있다. 그리고 관계(우정, 결혼 등) 문제를 다룬 10만 권 이상의 책은 대부분 우리에게 귀중한 통찰력을 제공한다.

이렇게 다양한 정보가 넘쳐나는데도 계속해서 관계가 단절되는 이유는 무엇일까? 요즘 같은 정보화시대에 왜 우리를 더 행복하게 만들어줄 관계를 맺지 못하는 것일까? 한 가지 분명한 사실은 현대 사회를 살면서 겪게 되는 만성적인 시간 부족이 다른 사람들과 긴밀한 관계를 맺을 기회를 앗아간다는 것이다. 그러나 이것이 문제의 근본적인 원인은 아니라고 생각한다. 그보다는 오히려 충성도의 전반적인 하락에 대해 자신의 책임을 인정하려 들지 않는 태도가 관계 단절의 중요한 원인일 듯하다. 그리고 이런 단절이 결국 우리를 불행하게 만든다.

관계 고수

네 살 된 아이에게 친구가 뭐냐고 묻는다면 아이는 그 순간 가까이 있는 사람이나 자기가 좋아하는 장난감 이름을 댈 수 있다. 다섯 살이나 여섯 살 정도 된 아이들은 타인과 상호작용했던 특정 에피소드에 집중한다. 그리고 일곱 살, 여덟 살, 아홉 살짜리 아이들은 우정이 개인적인 관계라는 것을 깨닫기 시작하며, 어떤 특성 때문에 사람을 좋아하거나 싫어할 수 있다.

하지만 좀 더 나이가 들면 인간관계가 매우 복잡한 것이라는 사실을 깨닫게 된다. 성인들에게 우정이 무엇을 의미하는지 물었을 때 자주 튀어나오는 단어는 의리, 정직, 존중, 신뢰, 친밀함, 도움, 지지 등이다. 이것은 진정한 의미에서의 교차 문화다.

그렇다면 어떤 사람과는 공고한 관계를 맺으면서 다른 사람과는 그렇지 않은 이유는 무엇인가? 사람이 자기와 비슷한 이에게 이끌리는 것도 하나의 이유일 것이다. 우리는 관계 유형이 우리와 비슷한 사람들과 함께 있을 때 더 편안함을 느낀다. 서로 관심사와 태도에 비슷한 부분이 많을수록 친구가 될 확률이 높다.

공통의 관심사는 서로에 대한 호감도를 높인다. 또 남들이 자기에게 호감을 느끼는 것을 좋아하는 것은 누구나 마찬가지다! 따라서 나를 좋아하는 사람을 좋아하고 나를 좋아하지 않는 사람을 싫어하는 것은 당연한 일이다.

그러나 공통점을 기반으로 형성될 수 있는 감정은 여기까지다. 확실한 관계(친구, 가족, 연인이 되는 것 등)에는 '언제나 네 편이 되어주겠다' 는 암묵적인 약속이 뒤따른다. 단순히 아는 사람과 친구를 구별하고 잠깐 만나다가 마는 데이트 상대와 평생 반려자를 구별하는 것이 바로 이런 충성심이다.

충성은 본질적으로 서로에게 끝까지 충실한 것이다. 이것은 곧 그 관계가 꾸준히 지속되기를 강력하게 원한다는 의미다. 또 서로에게 감정적인 애착을 느낀다는 뜻이기도 하고, 함께하는 미래를 꿈꾼다는 뜻이기도 하다.

충성은 모든 일이 잘 풀렸을 때 주변에 남아 있는 측근의 수를 의미하는 것이 아니다. 화려한 파티에 사람들을 불러 모으는 일은 아주 쉽다. 하지만 파티가 끝났을 때 뒤에 남아 정리를 도와주는 사람은 누구인가? 평소 블루스 음악을 좋아하는 사람이라면 유명한 블루스 연주자인 로니 존슨(Lonnie Johnson)의 익숙한 한탄을 떠올릴 수 있을 것이다. "내가 돈이 많았을 때는 사방에 친구들이 넘쳐났지만 돈이 떨어지자마자 그 어디에서도 친구를 찾을 수 없었다." 오프라 윈프리(Oprah Winfrey)의 말처럼 "여러분과 함께 리무진을 타고 싶어 하는 사람은 많지만 여러분이 원하는 것은 리무진이 고장 났을 때 함께 버스를 타줄 사람이다."

충직한 동료끼리는 서로 의지할 수 있다. 이런 상호 의존은 실제로 동기나 기호, 행동, 결과 등에 영향을 미친다. 건전한 관계는 혼자 힘으로 노력할 때보다 더 뛰어난 사람이 될 수 있게 도와준다. 그러나 어려운 처지에 빠진 친구를 도우려면 당장의 이기심을 버려야 한다. 다시 말해 의리를 지키기 위해 희생이 필요할 때도 있다는 뜻이다.

충성은 굳건한 관계를 증명하는 것이므로 힘든 시기일수록 서로 유대감을 확인할 수 있다. 어려운 상황에 처했을 때 자신을 도와줄 사람이 있다는 사실을 알면 엄청난 안도감을 느끼게 된다. 그리고 실제로 안도감을 느끼지 못하는 상태에서는 절대 행복해질 수 없다.

충성 관계가 배신했을 때

우리는 흔히 "나도 한낱 인간일 뿐이다"라는 말을 한다. 그러나 이 말을 하는 이유는 자신이 현재 이 우주상에 존재하는 가장 고등한 생명체라는 것을 알리기 위해서가 아니다. 우리도 때로는 남들을 그리고 우리 자신을 실망시킬 때가 있다는 사실을 말하기 위해서다.

타인과의 관계에서만큼 인간적인 모습이 많이 드러나는 경우도 없다. 또 감정적으로 가장 상처 입기 쉬운 경우이기도 하다. 자신과 가장 가까운 이들과의 미래를 상상했을 때 한 가지 확신할 수 있는 점이 있다. 그것은 바로 오랫동안 함께 지내다 보면 언젠가는 그들도 모두 나를 실망시킬 것이라는 점이다. 이 말은 곧 우리도 언젠가 자신이 가장 좋아하는 이들을 실망시키게 된다는 뜻이다.

이런 경험, 특히 신의가 부족해서 나오는 것으로 생각되는 행동은 마음을 몹시 아프게 한다. 어렸을 적 친한 친구에게만 비밀을 털어놓았는데 그 친구가 다른 사람에게 그 얘기를 했을 때 입은 마음의 상처가 지금도 생생하게 기억난다. 그리고 친구에게 실망했던 그 아픔을 떠올리면 그런 흉터는 평생 치유되지 않을 것 같다.

그렇다. 이런 일들이 바로 우리가 인간이기 때문에 겪는 것들이다. 이것은 본성과 관련된 문제이므로 모든 주요 종교에서는 인간이 때때로 충실 의무를 다하지 못한다는 사실에 초점을 맞춘다.

신약성경에 나오는 예수의 열두 제자 가운데 가장 먼저 그의 제자가 된 베드로 이야기는 유달리 심금을 울린다. 베드로는 신약성경 전체에 걸쳐 예수의 가장 충실한 제자로 그려져 있으며, 그가 초기 기독교를 위해 공헌한 일에 대해서는 논쟁의 여지가 없다. 많은 예수 추종자들은 로마 최초의 주교로 네로 황제 치하에서 순교

한 베드로가 예수와 같은 방식으로 죽을 자격이 없으니 십자가에 거꾸로 매달아 못을 빅아달라고 부탁했다고 믿는다.

하지만 신앙심이 이토록 강했는데도 신약성경의 모든 복음서에는 예수가 그날 밤 베드로가 자신과의 관계를 세 번이나 부인할 것이라고 예언했다는 내용이 자세히 나와 있다. 이 말을 들은 베드로는 강력하게 항의하면서 "저는 절대 주님을 부인하지 않을 겁니다"라고 맹세했다. 그러나 예수가 로마인에게 체포된 뒤 베드로는 예수가 예언한 대로 행동했다. 동틀 무렵이 되자 베드로는 예수를 배신한 데 대해 양심의 가책을 느끼고 흐느껴 울었다.

아무리 충성스러운 관계라도 배신이나 마찰, 부정적인 결과가 생길 수 있다. 이 때문에 우리는 금세 관계에 염증을 느끼게 되고 새로운 이들과 만나면 늘 경계 태세를 유지한다. 이는 생존 본능이라는 측면에서 볼 때는 더할 나위 없이 훌륭한 태도지만 이런 태도 때문에 다른 사람들과 함께 보람찬 경험을 할 기회를 놓치게 된다.

감정적으로 생존하기 위해서는 주의가 어느 정도 필요한 것도 사실이지만 지나치게 신중한 것도 매우 해롭다. 정당한 이유가 없는데도 가능성 있는 새 관계에 편견을 갖는 것이다. "좋은 울타리가 좋은 이웃을 만든다"라는 속담도 일리는 있지만 문도 없는 벽에 갇혀 있는 것은 감옥이나 마찬가지다. 시인 로버트 프로스트(Robert Frost)는 〈담장 고치기(Mending Wall)〉라는 시에서 이렇게 썼다.

담장을 만들기 전에 따져봐야 할 것이 있다.

그것을 쌓아 무엇이 못 나가게 하고 무엇이 못 들어오게 하려는지.

프로스트는 이 시에서 인간 본성의 모순을 아름답게 묘사했다. 우리는 다른 이들에게 상처받지 않도록 스스로 보호할 벽을 원하지만 그 벽은 친구들이 못 들어오게 막는 구실도 한다.

베드로의 이야기는 우리가 모두 한낱 인간에 불과하다는 사실을 일깨워준다. 결국 관계를 지속할 수 있는 힘은 보복하고자 하는 생각과 보상받으려는 욕구를 버리는 용서에 달려 있다.

영국 시인 알렉산더 포프(Alexander Pope)의 말처럼 "실수하는 것은 인간이고 용서하는 것은 신이다." 인간은 누구나 실수한다. 아무리 굳은 약속도 깨질 때가 있다. 그러나 관계를 충실히 지켜나가려면 충돌 원인을 이해하고 최선의 방법으로 그것을 해결하기 위해 노력해야 한다. 그리고 실수를 저질렀을 때는 자신이 손상시킨 것을 복구하기 위해 최선을 다해야 한다.

평생토록 충실한 관계를 맺으려면

내가 생각하는 충성도와 친구나 가족이 생각하는 충성도 사이에 엄청난 차이가 있을 수 있다. 내 친구들은 내가 그들에 대한 의리를 설득력 있게 증명하고 있다고 굳게 믿을까? 또 내가 지금까지 그랬듯이 앞으로도 다음과 같은 모습을 보여주리라고 확신할까?

- 그들과 관계를 유지하는 데 충분한 시간을 바칠 것이라고?
- 거북하거나 심지어 위험한 상황에서도 그들을 강력히 지지할 것이라고?
- 그들의 성공을 시기하지 않고 축하해줄 것이라고?
- 힘든 시기에도 그들을 도와줄 것이라고?
- 은밀하게 털어놓은 정보를 절대 누설하지 않을 것이라고?
- 자기희생이 상당히 필요한 경우에도 그들에 대한 헌신의 끈을 놓지 않기 위해 노력할 것이라고?

이것은 결코 쉬운 일이 아니다. 사실 모든 이들이 관계의 어떤 부분에서는 친구나 가족에 대한 자신의 충성을 제대로 전달하지 못한다. 우리는 모두 이 사실을 알고 있다. 하지만 그것을 머리로 알고 있다고 해서 그 사실을 확인받을 때 느끼는 난처함이 줄어드는 것은 아니다.

그래서 우리 행복에 가장 큰 의미가 있는 이들과 관계를 개선하는 데 도움을 줄 건설적인 피드백에 진지하게 귀 기울이기보다는 모든 일이 잘 풀리고 있다는 확증만 얻으려 한다. 그러나 현재 위치에 만족해버린다면 개선은 절대 불가능하다.

평생 이어지는 충실한 관계를 맺으려면 자신이 그런 충성을 얻을 자격이 있음을 입증해야 한다. 친구와 동료들이 원하고 또 필요로 하는 것이 무엇인지 귀 기울여 듣고, 가능한 한 그들의 목표 달성을 도우며, 상황이 좋을 때나 나쁠 때나 항상 사려 깊고 친절하며 협조적으로 행동해야 한다. 너무나 당연한 얘기처럼 들리겠지만 사람들은 대부분 이것을 실천하는 데 시간을 충분히 들이지 않는다.

무엇보다 중요한 것은 언제나 성실하게 옆을 지켜주는 친구와 동료들에게 늘 감사해야 한다는 점이다. 그들에게 감사하는 마음을 표시하자! 심리학자들은 주변 사람들에게 꾸준히 감사를 표하는 것이 만족스럽고 의미 있는 삶과 관련이 있다는 결정적인 증거를 제시했다.

이것을 자기 삶의 방식으로 만든다면 분명 놀라운 일이 벌어질 것이다. 오랫동안 유지되는 충실한 우정을 쌓을 수 있다. 지금보다 더 행복해질 수 있다! 충성스러운 친구와 동료들은 우리가 그들에게 쏟는 만큼 관심을 우리에게 쏟아 부을 것이다. 그 결과 우리 삶은 더없이 충만해질 것이다!

그러나 어떤 얘기든 주저 없이 할 수 있는 친구가 있다는 것은 크나큰 행운이다. 가장 내밀한 얘기뿐만 아니라 아무리 어리석은 생각이라도 꾸밈없이 마음 놓고 털어놓을 수 있는 친구 말이다. 심사숙고하거나 말을 고를 필요도 없이 그냥 떠오르는 대로 내뱉어도 헌신적인 손이 내가 내뱉은 말을 체에 걸러 가치 있는 것은 간직하고 나머지는 친절하게 날려버릴 것이라 확신하기에 이런 편안함, 이루 말할 수 없이 편안하고 안전한 기분을 느낄 수 있다.

– 다이나 마리아 크레이크(Dinah Maria Craik),

《구원을 위한 삶(A Life for a Life)》, 1859.

충성의 경제학

우리의 히트 상품은 기내에 설치한 DIREC TV나 XM 라디오, 손님들에게 보여주는 폭스(Fox) 영화가 다가 아니다. 헌신적인 승무원들을 통해 얻는 고객 충성은 남들이 결코 돈으로 살 수 없다.

– 데이비드 닐먼(David Neeleman), 제트블루 항공 설립자이자 전 CEO

성인이 무엇보다 시간을 많이 투자하는 부분은 가족과 함께 보내는 것도, 여가를 즐기는 것도, 식사하는 것도, 잠자는 것도 아닌 일하는 것이다. 지금 하는 일을 좋아하든 아니든 상관없이 당장 필요한 의식주를 생각하면 성인들은 대부분 마음대로 일을 그만두는 사치를 누릴 수 없다. 법정 드라마처럼 말하면 우리는 대부분 50년의 노동형(대략 20세부터 70세까지)을 선고받은 셈이므로 조기 석방(예를 들어 퇴직) 자격을 얻기 전까지 인생의 80퍼센트를 일에 얽매여 살아가게 된다. 이는 물론 우리가 형기를 마칠 때까지 오래 살 수 있다는 가정 아래 하는 말이지만 확신하기는 어렵다.

일은 분명 생존에 매우 중요하며 삶 곳곳에 영향을 많이 준다. 대개 일자리가 없으면 삶이 극도로 힘겨워진다는 사실을 안다. 하

지만 사람들에게 일은 반드시 해야 하는 것일 뿐 아니라 정체성을
확립하고 사회적 연계를 제공하는 역할노 한다. 심리적 안정에도
지대한 영향을 미친다. 즐겁게 일하는 사람은 삶의 전반적인 부분
에서 행복을 느낄 확률이 훨씬 높고 그 반대도 마찬가지다. 반면
자기 일에 만족하지 못하는 사람은 직장보다 삶에 미치는 영향력
이 훨씬 큰 불안이나 우울증 같은 문제를 자주 겪게 된다.

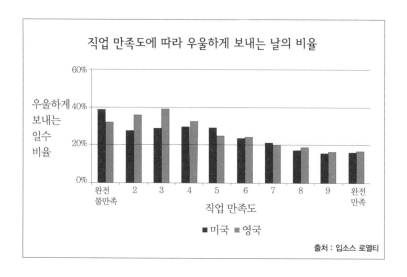

우리는 대부분 일이 안전감과 자신을 바라보는 시각에 얼마나
큰 영향을 주는지 어느 정도 알고 있다. 또 우리 부모나 조부모 세
대에 비해 회사와 직원 사이의 충성도가 줄어들고 있다는 사실을
다들 느끼고 있다. 이것은 직장을 자주 옮기는 사람이 늘어나고 기

업들의 경우 인력을 기꺼이 감축하려 한다는 점만 봐도 쉽게 알 수 있다.

그러나 업무 환경에 나타난 충성도 변화가 이 세상과 그 안에서 자신의 위치를 바라보는 시각을 어떻게 바꿔놓았는지는 제대로 모른다. 자신이 지닌 기술을 재정비하고 경력을 재시동하는 능력에 따라 경제적 성공이 좌우되는 일이 갈수록 많아지기 때문에 끊임없이 변하는 극심한 경쟁 시장에서 현 수준을 유지하기 위해서는 하나의 업무 관계를 다른 관계와 맞바꿔야 하는 상황이 자주 발생한다. 때로는 일자리를 계속 유지하기 위해 이사를 가야 하는 경우도 생긴다. 이렇게 되면 다른 사람들과 유대 관계를 이어나가기가 힘들어진다.

물론 끊임없는 변화는 자본주의 체제의 속성이다. 경쟁을 벌여 좀 더 혁신적인 기업이 기존 기업들을 물리치고 성장할 수 있다. 경제학자 조지프 슘페터(Joseph Schumpeter)는 이런 변천 과정을 가리켜 '창조적 파괴'라고 했다. 그러나 기존에 확립된 제도가 지금처럼 빠른 속도로 파괴되는 것은 유례없는 일이다.

이런 끊임없는 경제적 변화는 개인에게 언제라도 통제권을 잃을지 모른다는 생각을 늘 하게 만든다. 그러니 눈앞의 순간에 집중하면서 내일의 일도 미래에 맡겨야 한다. 이런 상황이 우리에게 안겨주는 교훈은 "최근 당신이 나를 위해 해준 일이 무엇인가?"라는 말로 요약할 수 있다.

이것은 충성과 정반대되는 개념이다. 충성은 미래에 대한 헌신을 요구한다. 런던정경대와 뉴욕대학교에 재직하는 유명한 리처드 세넷(Richard Sennett) 교수의 말처럼 "신뢰와 충성, 상호 책임을 좀먹는 근원은 장기적으로 이어지지 못하는 관계다……. 사회적 연대가 형성되기까지는 시간이 걸리며 기존 제도의 갈라진 틈에 서서히 뿌리를 내린다."

충성도가 떨어진 것은 확실히 개인에게 바람직한 일이 아니다. 그러나 상당수 기업 관리자들은 이것이 기업으로서도 매우 끔찍한 일이라는 것을 미처 깨닫지 못하고 있다! 충성은 직원, 고객, 관리자, 기업주 등 경제생활의 모든 관점에서 올바른 전략이라고 할 수 있다. 그리고 '올바르다'는 말은 곧 이것이 감정적·경제적 가치를 눈에 띄게 증가시킨다는 얘기다.

그런데 여기서 한 가지 의문이 생긴다. 충성 전략이 수익을 극대화하고 자본주의가 사업 성공을 보장한다면 어째서 다들 충성 전략을 이용하지 않을까? 이것은 고전적인 '죄수의 딜레마'라고 할 수 있다. 모든 사람이 자기 이익만 앞세운다면 서로 협력하는 것보다 좋지 않은 결과를 얻게 될 것이다. 그러나 협력이 우리에게 어떤 이득을 안겨줄지 모르기 때문에 결국 협력하지 않는 쪽을 택하고 만다.

충성을 통해 가치를 극대화하려면 충성하는 방법과 그것의 장점을 알고 있어야 한다. 다행히 우리는 그것을 알고 있다. 지금부

터 여러분에게 직원과 고객 충성도가 기업에 중요한 이유를 알려
주겠다. 또 직원과 고객으로서 발휘하는 충성이 우리 자신에게 중
요한 이유도 알려줄 것이다.

직원의 충성이 회사에 중요한 이유

자기가 속한 집단에 대한 구성원들의 충성도가 높을수록 해당 집단
의 목표를 달성하려는 열의가 높아지고 결과적으로 그 집단이 목표
를 달성할 가능성도 키진다.

– 렌시스 리커트(Rensis Likert, 1903~1981), 교육자이자 조직심리학자

(여기에서는 관리자들이 직원과 고객의 충성에 관심을 가져야 하는
이유를 중점적으로 살펴본다. 고객과 직원 관리에 관심이 없는 독자
들은 '직원의 충성이 내게 중요한 이유' 로 건너뛰어도 무방하다.)

모든 기업의 장기적인 성공은 직원의 자질과 충성도에 크게 좌
우된다. 기업 경영진 가운데 이런 생각에 동의하지 않는 사람은 드
물 것이다. 그러나 그들은 대부분 고객과의 관계를 강화하고 회사

수익을 높이는 직원의 경제적 가치를 인건비처럼 회사 경영에 직접 소요되는 '하드' 넘버와는 다른 '소프트' 넘버로 취급하는 것도 사실이다.

이것의 문제점은 장차 상황이 나빠질 경우 관리자들이 하드 넘버에만 관심을 집중한다는 것이다. 그리고 사실상 어느 기업이든 언젠가는 힘든 시기를 겪는다. 그것이 사업 주기의 속성이다.

그 결과 오늘날 우리는 계속해서 진행되는 인력 감축이나 구조조정에 당혹감을 감추지 못하고 있다. 대량 해고 기사가 정기적으로 신문 1면을 장식한다. 월스트리트에서는 대량 해고를 경영진이 회사 재정 상태를 호전시키기 위해 진지하게 노력한다는 신호로 받아들이고 이에 보답하는 경우가 많지만 현실은 그와 매우 다르다. 인력을 감축한 조직들은 대부분 장기적인 비용 절감이나 업무 효율 개선에 실패하기 때문에 더 큰 규모의 구조조정과 대량 해고를 실시해야 하는 상황에 처한다.

하지만 비용 편익에 대한 기대는 신기루에 불과할 뿐이고 이로써 고객과 직원들이 느끼는 고통은 지극히 현실적이다. 고객만족지수를 이용한 연구 결과 대규모 인원 감축을 실시한 기업들의 경우 고객 만족도가 크게 낮아졌음이 드러났다. 이런 회사들에게는 불행한 일이지만 이 지수가 미래의 수익을 확실하게 예측한다는 사실이 입증되었다. 이 연구를 진행한 이들은 "최근 미국 기업들에서 나타나는 인원 감축 동향은 단기적으로는 생산성 향상에 도움이 될지 몰라도 인원을 감축한 기업이 계속해서 노동 집약적인 맞춤형 서비스에 의존하는 경우 추후 재무 실적에 문제가 생긴다"라고 평가했다.

조직 문화에 미치는 영향도 심각하다. 인원 감축은 소문으로 한층 더 부풀려지는 심한 불신을 불러온다. 코카콜라가 구조조정을 실시해 수천 명을 해고했을 당시 얼토당토않은 온갖 소문이 도는 바람에 이런 소문을 진화하기 위해 이례적으로 경영진까지 개입해야만 했다. 설상가상으로 회사에 남아 있는 직원들도 그 상황에 넌더리를 내는 경우가 많다.

미첼 리 막스(Mitchell Lee Marks)의 《다시 한 번 정상으로(Charging Back Up the Hill)》에 등장하는 댄이 회사의 대량 해고 사태 이후 느낀 것과 똑같은 심정을 느끼는 직원들을 주위에서 쉽게 찾아볼 수 있다.

회사에 대한 충성은 전혀 찾아볼 수 없다. 그 일이 있은 후 더 열심히 노력하려는 이는 아무도 없다. 2년 전만 해도 우리는 일주일에 65시간씩 일했다. 이곳은 일하기 좋은 직장이고 다들 자기가 하는 일이 중요하다고 생각했기 때문에 기꺼이 잔업을 감수했다……. 이제부터 이곳은 단순한 일터일 뿐이다. 정해진 대로 40시간만 일하면 그걸로 끝이다.

상황을 명확히 바라보자. 세상에 직원 해고를 좋아하는 CEO는 없다. 이것은 회사를 어떻게든 살려보려고 발버둥치고 있다는 것을 뜻한다. 게다가 과거를 돌아보면 해고로 얻는 장기적인 금전적 이익보다 그에 따른 고통이 더 큰 경우가 많음을 알 수 있다.

기업들이 힘겨운 시기를 벗어나려면(그리고 경기가 좋을 때 탁월한 성과를 올리려면) 두 가지가 필요한데, 첫째, 충성스러운 고객들이 계속 남아 있고, 둘째, 업무 생산성을 높여야 한다. 그러나 이것은 헌신적이고 충성스러운 직원들을 보유한 조직에서만 가능한 일이다.

풍토 변화

직원이 행복해야 고객이 행복하고 기업 매출과 시장점유율까지 늘어난다는 얘기를 자주 듣는다. 이렇게 공정한 영향력의 고리는 인과응보를 믿는 우리의 정의감과 페어플레이 정신에 매력적으로 와닿기 때문에 사람들은 대부분 내심 이 말이 진실이기를 바란다.

당연한 일이지만 이런 영향력의 고리에도 어느 정도 진실인 부분이 있다. 그러나 일이 그렇게 간단하다면 모든 기업의 가장 중요한 전략 목표가 직원을 기쁘게 만드는 것이어야 한다는 사실을 우리는 안다.

물론 현실은 그보다 훨씬 복잡하다. 직원이 자기 일에 만족하고 회사에 충성한다고 해서 반드시 업무 성과나 수익성이 높아진다는 보장은 없다. 기업이 성공하려면 고객의 요구를 만족시켜야 하는 데, 대개 고객에게 가치를 전달하는 일련의 업무 프로세스를 만들고 그 프로세스를 뒷받침하는 기업 문화를 창조해 그 일을 해낸다.

고객의 요구를 만족시키기 위해 노력하고 그에 따라 보상받는 행복하고 충성스러운 직원들과 함께한다면 이런 업무 프로세스와 기업 문화를 만들어내는 일이 훨씬 쉽다. 메릴랜드대학교 명예교수 벤저민 슈나이더(Benjamin Schneider)는 이를 가리켜 '서비스 풍토'라고 했다.

슈나이더 교수는 "서비스 풍토는 직원들이 정책, 관행, 절차에 대해 가지고 있는 공통된 인식과 고객 서비스 및 고객 서비스 품질과 관련하여 기대, 보상, 지원을 받는 행동이다"라고 정의했다. 다시 말해 서비스 풍토는 첫째, 사업이 실제로 운영되는 방식과 둘째, 정책, 관행, 절차를 기반으로 회사가 추구한다고 생각되는 목표에 대한 직원들의 공통된 인식이라는 뜻이다. 직원들은 이렇게 기대, 보상, 지원을 받는 행동으로 회사가 정말 중요하게 여기는 것이 무엇인지 알게 된다. 이것은 대개 회사의 사명이나 채용 안내 책자에 인쇄된 내용과 상당히 다르다.

하버드 경영대학원 제임스 헤스켓(James Heskett), W. 얼 새서(W. Earl Sasser), 레너드 슐레진저(Leonard Schlesinger) 교수는 고객 요구를 만족시키기 위한 직원의 업무 성과에서 중요한 핵심 요소로 역량, 만족도, 충성심, 생산성 네 가지를 제시했다.

1. **역량** : 유능한 직원들은 고객들에게 가치 있는 서비스를 제공할 수 있다. 이 말은 직원들이 훌륭한 서비스를 제공하기 위한 교육, 도구, 절차, 규칙을 갖추고 있다는 뜻이다.

2. **만족도** : 자기 일에 만족하는 직원들은 그렇지 못한 직원들보다 고객들을 성심성의껏 대할 확률이 높다.

3. **충성심** : 충성스러운 직원들은 조직의 장기적 이익을 위해 자신의 단기적 욕구를 기꺼이 억누른다. 그렇기 때문에 이들은 스스로 훌륭한 고객 서비스에 우선순위를 둔다. 또 충성스러운 직원들은 조직에 더 오래 머물기 때문에 이직에 따르는 비용과 이것이 서비스 품질에 미치는 나쁜 영향을 줄일 수 있다.

4. **생산성** : 업무 생산성이 높은 직원들은 회사가 고객에게 제공하는 제품이나 서비스의 가치를 높일 확률이 높다. 생산성이 높을수록 운영비가 절감되므로 고객들에게 제시하는 가격을 낮출 수 있다.

이 요소들은 모두 서로 연결되어 있다. 직원들에게 역량을 강화할 수 있는 도구와 교육, 절차를 제공하면 그들의 업무 만족도와 생산성에 확실한 변화가 생긴다. 그러나 회사의 서비스 풍토와 관련된 이 요소들의 관계를 조정하는 것은 직원들의 충성도다.

슈나이더와 그의 동료들은 직원들의 충성도와 관련된 태도가 회사의 재무와 시장성과에 우선한다는 것을 확실히 보여주었다.

또 인적 요인을 개선하기 위해 노력하면 생각보다 훨씬 큰 보답이 돌아온다. 펜실베이니아대학교 연구원들은 회사 매출의 10퍼센트를 자본금 개선에 투자할 경우 생산성이 3.9퍼센트 증가한다는 사실을 알아냈다. 그런데 똑같은 액수를 인적 자본 개발에 투자하면 그보다 두 배 이상 높은 8.5퍼센트의 엄청난 생산성 증가를 얻을 수 있다.

연결고리 만들기

직원 충성도가 재무 실적에 긍정적인 영향을 미칠 것이라고 믿는 것과 그 성과를 실제 정량화하는 것은 완전히 다른 문제다. 그러나 힘든 시기에는 단기적인 문제에만 관심을 집중하려는 자연적인 경향을 물리치려면 직원들의 충성도가 회사의 장기적인 번영과 어떤 관계가 있는지 확실히 알아야 한다.

그러자면 먼저 "내가 지금 어디에 있는가?"라는 질문을 던지는 것으로 시작해야 한다. 이것은 현재 회사의 서비스 풍토가 어떠하고, 직원들의 충성도가 실제 어느 정도인지 묻는 질문이다. 이를 위해서는 (경영진을 비롯한) 모든 직원에게 의미 있는 피드백을 받아야 한다. 또 곤란한 질문도 기꺼이 던질 수 있어야 한다. 예를 들면 다음과 같은 질문이다.

- 경영진이 관계를 맺는 스타일이 조직의 서비스 풍토나 직원 충성

도에 어떤 영향을 미치는가?

- 직원들이 자신의 입무를 원활하게 수행하는 데 필요한 도구와 교육을 회사에서 제공하는가?
- 고객을 위해 최선을 다하려는 직원들의 노력을 조직이 제대로 보상하고 독려하는가?
- 직원들이 충성할 만한 가치가 있는 조직이라는 것을 증명했는가?

물론 특정 조직이나 업계에 중요한 다른 국면도 존재한다. 그중에서 성공에 꼭 필요한 핵심 요소들을 파악하는 것이 관건이다! 그 요소들을 파악한 뒤에는 명확하고 객관적이며 엄격한 방법으로 그 것을 평가해야 한다.

자신의 현재 위치를 알아낸 뒤에는 이 정보를 업무 성과 동인과 연결해야 한다. 이것은 대개 생산성, 직원 이직률, 고객 충성도, 매출 네 가지로 나뉜다. 사실상 모든 조직은 어떤 형태로든 이들 각각의 기준을 추적한다. 그리고 이 기준을 직원 충성도와 통계적으로 연결하는 방법은 비교적 간단하다. 여기서 관건은 직원 데이터를 수집해 이직, 고객 충성도, 매출과 유의미하게 연결되도록 분류하는 것이다(예를 들어 소매 유통업체의 경우, 매장 단위로 고객 충성도와 매출을 추적하고 매장에는 대부분 반독립적인 운영자가 있기 때문에 매장별 분석이 가장 적합한 단위라고 생각할 것이다).

경영진의 현실적인 관점에서 볼 때 직원의 충성도를 드러내는

태도와 업무 성과 사이의 상관관계는 상당히 유의미하기 때문에
이와 같은 분석은 시도해볼 가치가 있다. 실제로 하터(Harter)와 슈
미트(Schmidt), 헤이즈(Hayes)가 실시한 대규모 연구에서 직원의 충
성도와 관련된 태도가 이런 성과 동인 모두와 긍정적으로 연결되
어 있다는 흥미로운 메타 분석 증거가 드러났다. 게다가 관리자들
은 가장 충성스러운 사업 단위의 업무 성과와 그것이 관리자들의
관계 스타일에 따라 어떻게 영향을 받는지 조사함으로써 많은 것

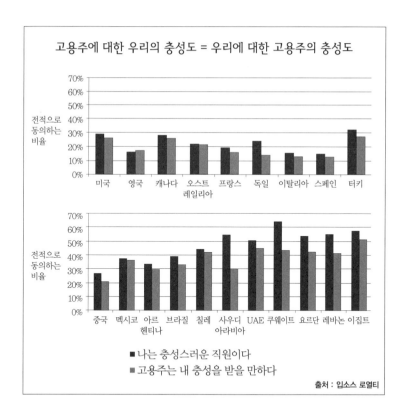

을 깨달을 수 있다.

기업들은 대부분 이런 정보를 모아 매우 귀중한 경영 통찰력을 얻을 만한 능력이 있는데도 이 부분에 대해 전혀(혹은 거의) 조치를 취하지 않는다. 연결 고리를 만들 때 가장 큰 문제는 이런 정보가 존재하지 않는다는 것이 아니다. 여러 부서에 흩어져 있는 데이터를 한데 모으려는 경영진의 의지가 부족한 것이 문제다.

그렇다면 그 이유가 뭘까? 아무래도 나쁜 소식을 듣고 싶어 하지 않기 때문인 경우가 많다. 그리고 당연한 얘기지만 이런 식의 회사 내부 검토에서는 늘 나쁜 소식이 들려올 수밖에 없다. 직원들은 회사가 자신에게 성심성의를 다한다고 생각될 때만 회사에 충성을 바친다. 이것은 전 세계 어디서나 마찬가지다! 그러니 결국 헌신적이고 충성스러운 직원들로 구성된 조직을 만들려면 회사가 그런 충성을 얻을 자격이 있다는 것을 직원들에게 증명해야 한다.

고객의 충성이 회사에 중요한 이유

자기가 맡은 일을 완벽하게 해내면 고객들이 다시 찾을 뿐만 아니라 친구들까지 데려온다.

– 월트 디즈니(Walt Disney, 1901~1966),

아카데미상을 여러 번 수상한 영화 제작자이자 월트디즈니 사 공동창립자

기업이 존재하는 이유는 무엇인가? 이 질문을 받은 사업가들은 대부분 "수익을 창출하기 위해서다"라고 대답할 것이다. 현대 경영학의 아버지로 널리 존경받는 피터 드러커(Peter Drucker)는 "이런 대답은 잘못되었을 뿐만 아니라 부적절하기까지 하다……. 사실이 생각은 부적절한 정도를 넘어 기업에 해를 끼친다"라고 했다.

수익 창출은 기업의 발전 가능성을 판단하는 척도다. 그러나 그것이 기업의 존재 이유가 될 수는 없다. 드러커는 기업의 목적을 이렇게 요약한다. "기업이 존재하는 타당한 목적은 오직 하나, 고객 창출뿐이다."

물론 드러커의 말이 옳다. 고객은 이윤을 추구하는 모든 조직에게 최고의 자산이다. 기업이 얻는 진정한 가치는 전부 고객이 제공하는 것이다. 따라서 충성스러운 고객을 만드는 것이 모든 기업의 목표가 되어야 한다.

좋은 소식은 이제 경영진도 충성이 훌륭한 비즈니스 소재라는 사실을 깨닫게 되었다는 것이다. 전 세계의 CEO들은 고객 충성을 회사의 아주 중요한 전략적 목표의 하나(혹은 유일한 목표)로 일관되게 언급한다. 기업들은 고객 충성도를 높이기 위해 해마다 수십 억 달러의 돈을 쏟아 붓는다. 또 4만 권이 넘는 책과 수십 만(어쩌면 수백 만) 건의 기사가 고객 충성도가 수익률에 미치는 긍정적인 효과를 뒷받침한다.

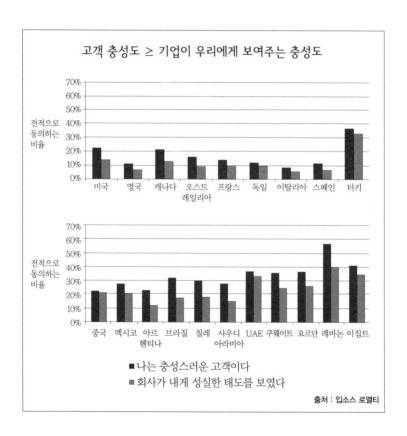

나쁜 소식은 기업에서 시행하는 고객 충성도 이니셔티브는 대부분 그들이 약속한 것과 일치하지 않는다는 점이다. 그들이 말하던 행복하고 충성스러운 고객은 다 어디 있단 말인가? 서구 국가에 거주하는 고객들은 대부분 자신이 거래하는 기업에 별로 충성심을 느끼지 않는다. 그러나 그들은 자신의 충성도가 이들 기업이 자신에게 보여준 충성도와 같거나 더 높다고 생각한다.

솔직히 고객-충성도 이니셔티브가 올바른 투자 결정이라는 사실이 충분히 입증되지 않았다. 일반적인 충성도 지표와 경영진이 회사 운영에 실제 사용하는 재무 지표의 관계를 살펴봤을 때 둘 사이에 전혀 연관성이 없는 것으로 드러나는 경우가 많다.

이것을 보고 혼란스러워하며 머리를 긁적일 독자들이 많을 것이다. 기업 대부분에서 고객 충성도 전략이 효과를 발휘하지 못한다면 대체 무엇 때문에 충성에 관심을 기울여야 할까? 성공률이 그리 높지 않다는 점을 고려하면 충성의 중요성을 무시하고 싶은 생각이 들게 마련이다. 하지만 그것은 실수다. 어느 기업이든 충성은 장기적인 성공을 위한 필수 조건이다. 충성스러운 고객 없이는 어떤 기업도 살아남을 수 없다. 그러나 충성을 관리함으로써 기업의 성공을 담보하려면 충성과 수익이 서로 어떤 식으로 연결되어 있는지 전체적으로 이해해야 한다.

단순한 느낌을 넘어서

관리자들은 충성을 단순한 애착 감정으로 정의히는 경우가 많다. 그러나 충성은 단순한 유대감 그 이상의 감정이다. 충성에는 행동이 뒤따른다. 기업과 고객의 경우, 충성스러운 고객은 계속해서 제품을 구입하고, 전체 지출 가운데 더 많은 몫을 해당 범주에서 소비하며, 다른 이들에게 기꺼이 그 회사를 추천한다.

그렇게 생각하면 일반적인 충성도 지표와 사업성과를 연결했을 때 그렇게 나쁜 결과가 나온 것도 어느 정도 이해된다. 그것이 대부분 충성의 한 가지 측면, 즉 고객의 생각만 전달했기 때문이다.

그렇다면 어째서 그런 일을 할까? 첫째, 고객의 생각을 평가하는 것은 비교적 간단한 일이기 때문이다. 고객 태도에 대한 객관적인 측정 기준을 얻을 수 있는 괜찮은 조사 방법만 있으면 일이 끝난다. 둘째, 고객의 생각과 그들의 실제 행동 사이에는 분명히 어떤 관계가 있다. 논리적으로 생각할 때 고객이 어떤 기업과 거래하는 것을 마음에 들어 한다면 그들이 계속 그 회사 고객으로 남아 제품을 더 많이 구매하고 다른 이들에게 그 회사를 추천할 확률이 높아진다.

문제는 이 두 가지 모두 사실이라 하더라도 고객의 감정과 실제 행동의 관계 고리가 비교적 약한 경향이 있다는 것이다. 이런 문제는 고객들에게 앞으로 어떻게 행동할지(예를 들어 계속 고객으로 남아 제품을 더 많이 구매하거나 이 회사를 다른 이에게 추천할 가능성이 얼마나 되는가?) 물어보는 것만으로는 해결되지 않는다. 고객 의사를 판단할 때는 여전히 고객의 생각을 기준으로 하기 때문에 어쩔 수 없이 신뢰도가 떨어질 수밖에 없다. 그리고 이렇게 신뢰할 수 없는 데이터는 우리를 엇나가게 만든다.

성공하기 위해서는 고객이 실제로 어떤 행동을 하는지 알아야만 한다. 문제는 기업들이 대부분 자사 고객의 확실한 정보를 보유하지 않았다는 것이다. 기업들은 대부분 고객들의 구매 습성에 대한 데이터를 수집하지 않았다. 이런 정보를 수집하는 몇 안 되는 기업들 가운데 단순히 쿠폰을 제공하거나 상품을 재주문하는 것 이외에 훨씬 유용한 목적으로 이 정보를 활용하는 회사는 더 적다. 그리고 고객에게 설문조사를 실시해서 얻은 정보를 고객 행동 데이터와 연결하는 기업은 거의 없다고 할 수 있다.

기업 관리자들은 대개 태도 특성 데이터에만 의존해 고객의 충성도를 측정하는 것을 정당화하기 위해 현재 고객 행동 정보가 부족하다는 것을 이유로 내세운다. 물론 고객의 구매 데이터를 수집하는 일이 상당히 어려운 업계들도 있다. 그러나 고객의 행동을 평가할 방법도 없이 고객 충성도를 관리하는 것은 소리를 듣지 못하는 상태에서 악기를 연주하는 것과 비슷하다. 우리 행동이 원하는 결과를 낳으리라고 확신할 수 있는 방법이 없는 것이다.

다행히 고객의 구매 습성에 관한 통찰력을 얻을 만한 방법이 있다. 가장 바람직한 방법은 각 고객의 거래 데이터를 전자적 방식으로 수집해 보관한 뒤 그것을 특정 고객과 연결하는 것이다. 그러나 이런 데이터가 없더라도 이용할 수 있는 대안이 있다.

대표적인 고객 표본을 모아 패널을 구성하고 그들의 구매 습성을 관찰하는 것도 가능하다. 또 이 고객들을 대상으로 설문조사를 실시해 회사에 대한 그들의 태도적 충성을 평가하여 전체적인 충성도 그림을 그려볼 수 있다.

이런 패널 구성이 힘들 때는 고객들에게 설문조사를 해서 그들의 태도적 충성과 구매 행동에 대해 알아내는 방법도 있다(그들의 미래 의향과는 대조적으로). 가능한 경우에는 확인된 고객 행동 데이터를 내부 데이터로 검증하고 조정해야 한다.

데이터에서 우리가 바라는 모든 정보를 얻기는 힘들다. 그러나 충성을 실용적인 비즈니스 전략으로 만들려면 고객의 행동적 충성을 측정하는 방법이 꼭 있어야 한다. 완벽한 데이터가 없을 때에는 "최고에 만족해 개선의 여지를 놓쳐서는 안 된다!"는 경영 신조를 기억하는 것이 좋다.

충성도≠수익?

고객의 생각과 실제 행동 방식을 알고 있으면 회사의 고객 충성도 수준을 좀 더 정확하게 판단할 수 있다. 이것은 회사에 애정을 느끼고 실제 충성스러운 행동을 보여주는(예를 들어 해당 분야의 제품을 구입하기 위해 지출하는 돈을 대부분 그 회사에 쓰는 것 등) 고객의 비율을 말한다.

하지만 안타깝게도 충성에 대한 이런 정의에는 심각한 결함이 있다. 해당 범주에서 돈을 많이 쓰는 고객과 매우 적게 쓰는 고객을 구별하지 못하는 것이다. 제품을 조금 구입하는 고객의 경우 지출하는 돈을 대부분 한 회사에서 쓸 확률이 훨씬 높다. 제품을 단 하나만 구입하는 소비자를 상상해보라. 그는 자기 돈을 모두 그 회사에 지출한 셈이 된다. 반대로 지출하는 비율은 낮아도 제품을 많이 구입한 소비자가 회사의 재무 상태에 훨씬 중요한 것은 당연한 이치다.

하지만 충성에 대한 이런 시각에서 드러나는 가장 치명적인 문제는 충성스러운 고객들 가운데 상당수가 기업의 수익에 도움이 되지 않는다는 것이다. 실제로 충성스러운 고객의 50퍼센트 이상이 수익에 별반 도움이 되지 않는 경우도 있다.

여러분은 우리가 제정신이 아니라고 생각할지도 모른다. 충성이 기업들을 위한 올바른 전략이라고 주장했으니 그 말은 곧 수익성이 가장 높은 전략이라는 뜻이지 않겠는가? 그런데 이제 와서 충성스러운 고객들이 대부분 수익에는 도움이 되지 않는다고 말하다니 이게 대체 말이나 되는가?

먼저 우리가 이해해야 할 사항은 고객 충성도가 다양한 경로로 발전할 수 있다는 사실이다. 고객들은 자신이 받은 서비스가 그 서비스를 받기 위해 지불한 가격보다 훨씬 가치 있을 때 충성심을 느끼는 경우가 많다. 고객들은 그런 서비스를 받기 위해 어떤 부정한 수를 쓴 것이 아니다. 일반저으로 기업들은 충성스러운 고객들이 이용하는 다른 서비스와 함께 그 서비스를 일괄 제공할 경우의 경제적 실행 가능성을 고려하지 않고 그냥 서비스를 제공한다. 또 충성스러운 고객들은 그것이 괜찮은 거래인지 아닌지 판단할 수 있을 만큼 회사가 제공하는 제품이나 서비스를 잘 알기 때문에 때로는 관리자들의 판촉 활동이 회사에 경제적으로 매우 나쁜 영향을 미치기도 한다.

한 예로 우리가 거래하는 한 금융 서비스 회사는 만족도와 충성도가 매우 높은 고객들을 보유하고 있다. 이들의 유일한 문제는 고객의 3분의 2 이상이 이상할 정도로 수익에 도움이 되지 않는다는 것이다. 이들이 느끼는 충성심은 대개 회사와 좋은 관계를 유지하면 유리한 조건으로 상품 계약을 체결할 수 있을 것이라는 믿음에 기인한다. 거래 조건은 당연히 좋았다. 이 회사가 상품 가격을 잘못 책정하는 경우가 많았기 때문이다. 회사가 가격을 잘못 책정할 때마다 고객들은 해당 상품을 대량으로 사들였다. 따라서 이 고객들은 회사 수익에 도움이 되지 않을 뿐 아니라 가장 큰 손해를 끼치는 경우도 종종 있었다.

이 이야기는 두 가지 기본적인 진리를 보여준다. 첫째, 고객의 수익성에 대한 이해를 대신할 수 있는 것은 없다. 기업에서는 대부분 고객 경제가 충성도와 수익 사이의 연결 고리에 큰 영향을 미친다. 일반적으로 고객들 가운데 상당수는 만족스러운 수익률을 올리지 못한다(한마디로 수익성이 없다는 뜻이다). 하버드경영대학원 연구원들은 회사의 모든 수익이 20~30퍼센트의 상위 고객에게서 나온다는 일관된 사실을 발견했다. 하위 20퍼센트는 회사에 손해를 끼치고, 중간층에 속하는 50~60퍼센트는 별다른 득실을 안겨주지 않는다.

이런 분포의 문제점은 세그먼트마다 충성스러운 고객이 존재한다는 사실이다. 그리고 고객 대부분이 회사 수익에 도움이 되지 않기 때문에 충성스러운 고객 대부분도 수익성이 떨어지기는 마찬가지다.

둘째, 기업들은 고객이 자기 회사에 충성하는 이유가 무엇인지 확실히 알고 있어야 한다. 어떤 고객은 앞서 말한 금융 서비스 회사처럼 회사에 전혀 도움이 되지 않는 부분 때문에 그 회사에 충성하는 일도 있다. 따라서 경영자들은 회사에 진정으로 도움이 되는 고객이 누구인지 파악해야 한다. 다시 말해 고객의 요구를 만족시키는 데 들어가는 비용이 회사가 계속 감당할 만한 수준인 고객이 누구인지 알아야 한다.

회사에 이익이 되는 충성

고객-충성도 전략의 최종 목적은 물론 기업의 재무 실적을 개선하는 것이다. 고객 충성도와 수익성이 정반대 방향을 가리키지 않는 경우에도 늘 평행하게 움직이는 것은 아니다. 이 두 가지가 함께 움직이게 하려면 고객─충성도 분석을 실시할 때 반드시 고객 가치를 함께 고려해야 한다. 하지만 그러려면 먼저 고객 충성도를 바라보는 시각부터 바꿔야 한다. 전략 기획에 사용하는 전형적인 2×2 그리드에 고객 가치를 억지로 끼워 맞추다 보면 중요한 고려 사항을 방해하게 된다.

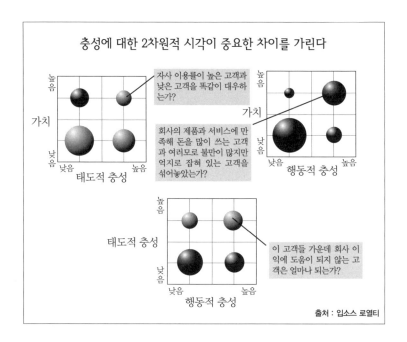

예를 들어 행동적 충성과 고객 가치의 관계를 검토해보면 회사에 충성심을 느끼는 고객과 자기가 인질로 잡혀 있다고 생각하는

고객이 적절히 뒤섞여 있는 것이 이 틀을 이용하기에 이상적이다. 태도적 충성과 고객 가치를 살펴봤을 때도 마찬가지로 우리가 분류한 이상적인 고객층에는 회사에 계속해서 돈을 많이 지출하는 고객과 돈을 비교적 적게 지출하는 고객이 섞여 있다. 확실히 우리에게는 좀 더 세분된 관점이 필요하다.

회사 수익에 도움이 되는 고객 충성을 관리하려면 고객 충성에 대한 다차원적 시각이 필요하다. 태도적 충성과 행동적 충성 그리고 고객 가치는 서로 뚜렷하게 구분되면서 고객–충성도 관리에 없어서는 안 될 세 가지 요소다. 이 틀을 이용하면 어떤 고객이 수익성 있는 충성 고객(예를 들어 태도적 충성, 행동적 충성, 가치가 모두 높은)인

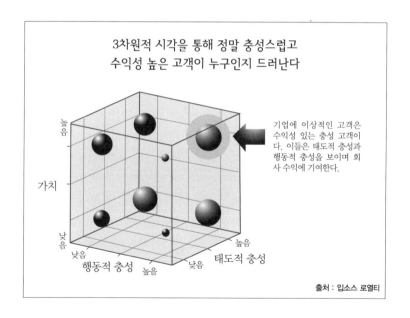

3차원적 시각을 통해 정말 충성스럽고 수익성 높은 고객이 누구인지 드러난다

기업에 이상적인 고객은 수익성 있는 충성 고객이다. 이들은 태도적 충성과 행동적 충성을 보이며 회사 수익에 기여한다.

가치 / 높음 / 낮음

행동적 충성 / 낮음 / 높음

태도적 충성 / 높음 / 낮음

출처 : 입소스 로열티

지 명확해진다. 또 회사 수익에 기여하는 고객들 가운데 이탈 위험이 있는 고객은 누구이고, 수익성 있는 충성 고객이 될 가능성이 있는 고객은 누구이며, 그렇지 않은 고객은 누구인지 등을 확실하게 파악할 수 있다.

이 충성도 틀에는 고객 가치가 이미 포함되어 있기 때문에 수익성 있는 충성 고객 수를 늘리기 위한 조치에 집중하면서 그와 동시에 충성도와 재무 실적 향상이라는 목표를 함께 추진할 수 있다. 따라서 기업이 자사 고객 기반 중에 보유하고 있는 수익성 있는 충성 고객 비율을 추적해보면 그것이 흔히 사용되는 다른 충성도 측정 기준보다 기업의 재무 실적과 훨씬 뚜렷한 상관관계가 있음을 알 수 있다.

수익성 있는 충성 고객이라는 개념은 외관상 복잡해 보이고 다차원적인 고객 충성도라는 복합 개념을 기업이 고객의 요구와 주주의 요구를 얼마나 잘 조절하는지 측정할 수 있는 간단하고 이해하기 쉬운 측정 기준으로 바꿔놓는 부가적 이점이 있다. 모든 기업의 궁극적인 목표는 수익성이 높고 충성스러운 고객을 확보하는 것인데 수익성 있는 충성 고객 수가 많아질수록 회사가 튼튼해진다는 사실을 이해하기 위해 수완 좋은 금융가까지 동원할 필요는 없다.

변화 추진

수익성 있는 충성 고객 비율을 알면 회사 번영에 통찰력을 얻을 수 있지만 이것이 고객 충성도를 개선하기 위해 알아야 하는 유일한 수치는 아니다. 수익성 있는 충성 고객 비율은 오히려 온도계를 읽는 것과 비슷하다고 할 수 있다. 평소 체온을 알고 있으면 열이 나는지는 확인할 수 있지만 그것이 질병의 진단이나 치료는 아닌 것처럼 말이다.

따라서 현재 재무 실적 수준을 아는 것과 동시에 수익성 있는 충성 고객 비율을 높일 방법도 알아야 한다. 그런데 불행히도 올바른 답을 얻는 일은 고객에게 "우리가 어떤 부분을 개선하면 좋을까요?"라고 묻는 것처럼 간단한 일이 아니다.

우리는 단순히 대다수 고객을 더 행복하게 만들 방법을 알아내는 데 관심이 있는 것이 아니다(물론 고객이 행복하기를 바라기는 하지만). 그보다는 수익성 있는 충성 고객과 수익성 있는 충성 고객이 될 가능성이 있는 이들을 어떻게 구별해야 하는지 알아야 한다. 그러자면 고객에 대해 알아둬야 할 사항이 두 가지 있다.

첫째, 모든 고객이 다 수익성 있는 충성 고객이 될 수 있거나 되고 싶어 하는 것은 아니다. 고객들 가운데는 항상 가격에 따라 움직이는 이들이 있다. 어떤 고객은 어쩌다 한 번씩 너무 적게 구입하기 때문에 아무리 해당 분야 제품을 전부 우리 회사에서 구입한다 하더라도 그들에게 들어가는 비용을 상쇄할 방법이 없다.

또 우리 회사에 지출하는 비용과 관계없이 서비스를 너무 많이 요구하는 고객도 있는데, 이런 이들에게는 결국 버는 돈보다 비용이 더 많이 들어가게 된다. 따라서 합당한 방식으로 수익성 있는 충성 고객이 될 수 있는 고객이 누구인지 파악해야 한다.

고객을 제대로 분류하지 못하면 수익성 있는 충성을 얻기 위한 원동력이 무엇인지 정확하게 알아내기 위한 분석 결과가 뒤섞여 도저히 해석할 수 없는 지경이 된다. 그보다 더 나쁜 점은 수익성 있는 충성 고객이 충성스러운 고객 중에서도 특히 그 수가 적다는 사실을 고려하면 고객 충성도에 대해 획일적으로 검토할 경우 회사에 별다른 득실이 없거나 손해만 끼치는 고객에게 더 비중이 쏠릴 수 있다는 것이다.

둘째, 수익성 있는 충성 고객에는 매우 다양한 유형의 고객들이 뒤섞여 있고 그들은 저마다 다른 독특한 요구와 동기를 가지고 있다는 사실을 알아야 한다. 따라서 비슷한 특성과 요구를 기준으로 삼아 서로 관련된 고객들끼리 그룹을 나눠야 한다. 그렇게 하지 않으면 수익성 있는 고객 충성도를 개선하기 위해 중요한 점이 무엇인지 추론할 때 결국 또 평균치로 역행하게 된다. 고객들 가운데 정확하게 평균치에 해당하는 이는 아무도 없기 때문에 그 누구도 자신이 진정으로 원하는 것을 얻지 못한다.

고객 세분화는 마구 뒤섞여 있는 고객 충성도에 또 다른 중요한 요소를 더한다. 여기에 네 번째 요소를 보태면 복잡성만 더해질 것 같지만 실은 그 반대다. 대개의 경우 다양한 요소를 이용할수록 고객 지평이 훨씬 명확해진다. 그리고 수익성 있는 충성 고객이 될 가능성이 가장 큰 고객은 누구이고, 회사 수익에 많이 기여하지만 충성심이 없기 때문에 이탈 위기에 처한 고객은 누구이며, 수익성 있는 충성 고객이 될 가능성이 전혀 없는 고객은 누구인지 판단하기도 한결 쉬워진다.

수익성 있는 충성 고객이 될 가능성이 가장 큰 이들이 누구인지 알면, 그들을 실제 수익성 있는 충성 고객으로 만들기 위해 무엇이 필요한지 결정해야 한다. 기업이 수익성 높은 고객 충성도를 향상하기 위해 주로 이용하는 방법은 회사에 지출하는 돈의 액수가 적은 고객들의 지출 규모를 늘리는 것이다. 여기에서 핵심은 우리 회사에 지출하는 돈은 적은 고객들이 다른 곳에서는 왜 돈을 많이 쓰는지 그 이유를 알아내는 것이다.

수익성 있는 충성 고객이 될 가능성이 있는 이들의 지출을 억누르는 원인과 관련해 불가피하게 공통된 주제가 드러난다. 이런 정보를 갖추고 있으면 해당 사안을 해결하기가 쉬운지 어려운지, 또 그것을 통해 기대하는 결과는 무엇인지를 기준 삼아 충성도를 개선하기 위한 노력의 우선순위를 정하는 일이 비교적 쉬워진다.

목적지 도달

고객의 충성을 얻고 그것을 키워 나가는 일은 사업 전략의 핵심부를 차지한다. 하지만 이를 위해서는 고객의 요구와 필요를 만족시키는 동시에 이윤을 지속적으로 창출할 수 있어야 한다. 고객-

충성도 전문가들은 대부분 충성과 수익성은 결국 동의어라고 생각하면서 후자를 무시한다. 그러나 불행히도 시장에서는 그것이 사실이 아니라는 것을 드러내는 반박할 수 없는 증거를 보여주었다.

그렇다면 경영진이 해야 할 일은 무엇인가? 이런 다차원적인 문제를 잘 관리해 누구나 손쉽게 이해하고 그것을 중심으로 단결할 수 있도록 단순화하려면 어떻게 해야 할까? 이럴 때는 고객 충성도를 활용해 수익을 높이겠다는 원래 목표를 기억해야 한다. 여러분이 평가하고 관리하는 일들이 목표와 잘 조화되는지 확인한다. 충성을 통해 이윤을 지속적으로 얻기 위한 길은 고객들 중에 수익성 있는 충성 고객의 수를 늘리는 일에서 시작된다.

수익성 있는 충성 고객은 번성하는 모든 기업이 뿌리 내리는 기본 토대다. 이들은 회사의 사명이나 제공하는 제품, 서비스와 가장 완벽하게 조화를 이룬다. 또 기업의 재무 건전성을 유지해주기도 한다.

직원의 충성이 내게 중요한 이유

인간은 모두 환경의 산물이며 매일같이 접촉하는 이들에게 영향을
받는다. 그리고 우리에게는 지금까지 만난 모든 이들의 흔적이 고
스란히 남아 있다. 그러니 성품이 뛰어난 동료, 즉 수없이 소중한
나날을 함께 보내는 동료들과 함께 일하는 것이 얼마나 중요한 일
이겠는가.

— 프레더릭 W. 니콜(Frederick W. Nichol, 1892~1955), 전 IBM 총괄 책임자

몇 해 전 야후! 지식인에 이런 질문이 올라왔다. "왜 직원들은
자기에게 관심도 기울이지 않는 회사에 신의를 지키고 충성해야
할까요?" 투표자들이 선택한 최고의 답변은 이렇게 시작되었다.
"직원은 회사에 충성하지 않고 또 그럴 필요도 없습니다. 회사를
옮길 경우 같은 일을 해도 시간당 5달러를 더 벌 수 있다면 사람들
은 대부분 그렇게 할 겁니다. 그러지 말아야 할 이유가 없잖아요?"

이런 문답은 오늘날 기업과 직원 사이의 충성도가 어떤 보답을
받는지 증명한다. 직원들은 자기가 언제든 회사에서 버림받을 수
있는 존재라는 사실을 깨닫는 경우가 많다. 그러니 자신이 일하는
회사에 느끼는 충성심도 그에 비례하는 것이 당연하다. 이것은 전
적으로 공평한 것처럼 보이지만 그렇다고 해서 기분이 나아지지는

않는다. 우리가 직원으로서 회사에 느끼는 충성도는 우리 행복에 직접적으로 영향을 미친다. 자기가 하는 일에 애착을 강하게 느낄수록 행복해질 확률이 훨씬 높아진다.

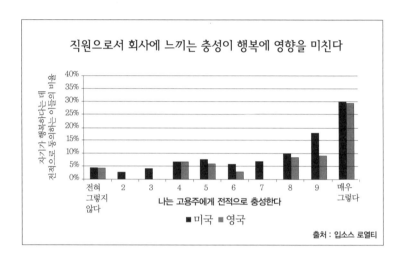

직원으로서 회사에 느끼는 충성이 행복에 영향을 미친다

출처 : 입소스 로열티

직원으로서 충성도가 약하다는 말은 곧 돈이라는 단 한 가지 목적만을 위해 깨어 있는 시간의 상당 부분을 바쳐 일한다는 의미다. 물론 우리는 주택담보대출금도 갚고 가족이 먹을 식료품도 사야 한다. 하지만 일함으로써 얻을 수 있는 유일한 보상이 금전뿐이라면 우리의 욕구 가운데 많은 부분은 계속 충족되지 않고 남게 된다. 조사 결과 직장인들은 대부분 '직장에서 뭔가 보람 있는 일을 해냈다는 느낌이나 직장에 소속되어 있다는 만족감' 같은 것이 급여보다 훨씬 중요하다고 느끼는 것으로 드러났다.

일이 자신을 불행하게 만들고, 그로써 회사에 충성심을 느낄 수 없다면 진지하게 자기반성을 해볼 필요가 있다. 정말 회사가 '내게 신경 쓰지 않기' 때문인가 아니면 뭔가 다른 이유가 있는가? 한 가지 분명한 사실은 모든 근무 환경이 우리 행복에 밀접하게 영향을 미치는 것은 아니라는 점이다. 그러나 회사 자체가 문제가 아니라 그 안에 있는 우리 위치가 문제인 경우가 많다. 일터에서 정신적인 충족감을 느끼는 능력과 관련해 가장 흔하게 발생하는 두 가지 문제는 다음과 같다.

1. 직책에 기대하는 역할

- 업무의 어떤 부분 때문에 진이 빠지는가?
- 내가 하는 일 가운데 마음에 드는 부분은 어디인가?
- 좋아하는 일은 더 많이 하고 싫어하는 일은 적게 하려면 어떻게 해야 할까?

2. 함께 일하는 다른 이들과의 관계

- 동료들과 관계는 어떠한가?
- 직속 상사와 관계는 어떠한가?
- 부하직원과 관계는 어떠한가?

두 가지 다 중요한 문제다. 그러나 일을 통해 얻는 전체적인 행복에 가장 크게 영향을 미치는 것은 직장에서 함께 일하는 다른 사람들(동료, 상사, 직속 부하)에 대한 신의다. 따라서 직원들이 회사에 충성하던 시대는 끝났다거나 충성이 시대착오적 발상이라고 여기는 이들은 당연히 잘못되었다. 충성은 회사의 장기적인 성공과 우리 자신의 행복을 위해 중요하다. 유명한 경영 전문가 톰 피터스(Tom Peters)의 말처럼 말이다.

나는 충성이 과거 어느 때보다 중요하다고 생각한다. 오늘날 유일하게 중요한 것이 바로 충성이다. 그러나 회사에 대한 맹목적인 충성을 말하는 것은 아니다. 내가 말하는 충성은 동료에 대한 신의, 팀에 대한 애정, 프로젝트에 대한 애착, 고객에게 보이는 성실함 그리고 자기 자신에 충실한 태도다. 나는 이것이 자기 회사 로고에 대한 의미 없는 충성보다 훨씬 심도 깊은 충성이라고 본다.

우리는 일에서 즐거움을 얻지 못하면서 시간을 보내고 있다. 그러나 일하는 과정에서는 반드시 다른 이들과 관계를 굳건히 맺어야 한다. 그리고 굳건한 관계는 신의를 토대로 자라난다.

고객의 충성이 내게 중요한 이유

사람들이 가장 싼 비행기표를 찾기 위해 인터넷을 뒤지는 이유나 가장 좋은 조건으로 자동차를 구매하기 위해 각별히 노력하는 이유를 안다. 돈을 아끼고자 하는 욕구를 이해한다. 그러나 시간이 지나면서 타인과의 진짜 접촉이 사라진 것이 사람들에게 영향을 미친다고 생각한다. 우리 아이들이 오직 효율성만을 바탕으로 모든 결정을 내리는 세상에서 자라나는 것이 걱정스럽다. 우리는 수많은 인간적인 요소를 잃어버리고 있다.

─ 제임스 카빌(James Carville), 미국의 정치컨설턴트

우리는 과학자나 시사 해설가들이 '소비자 경제'라고 하는 세상에 살면서 그에 어울리는 '소비자 문화'를 향유하고 있다. 최근 사회과학자들은 이 문화가 단순히 경제에만 영향을 미치는 것이 아니라는 사실을 깨달았다.

스톡홀름대학교 민족학 교수 비르지타 스벤손(Birgitta Svensson)은 "오늘날 새롭게 등장한 이상적인 인간은 지금 쓰고 있는 물건이 낡거나 고장 나지 않았는데도 끊임없이 새로운 것을 원하는 완벽한 소비자와 공통점이 많다"라고 했다. 또 유명한 사회학자 리처드 세넷은 이런 식의 소비자중심주의가 우리를 타인과 상호작용할 때

거주자와는 대조되는 '관광객'으로 만들어놓았다고 단언했다.

소비자는 갈수록 균질해지는 상품의 차이를 발견해 자극을 얻으려 한다. 그는 겉보기에 똑같아 보이는 한 도시에서 다른 도시로 돌아다니면서 똑같은 상점에 들러 똑같은 제품을 사는 관광객을 닮았다. 그러나 최소한 그들은 실제로 여행한다. 소비자들은 옮겨 다니는 과정 자체에서 자극을 찾는다. 자신의 욕구 변화가 마치 여행하는 것처럼 일종의 구경거리가 되는 것이다. 자신이 계속 옮겨 다닌다는 느낌만 들면 구입하는 물건이 늘 똑같다는 사실은 별로 문제되지 않는다……. 새로운 유형의 소비에서는…… 어떤 대상을 포기하는 것이 상실로 받아들여지지 않는다. 오히려 포기는 새로운 자극을 찾아다니는 과정과 잘 맞아떨어진다.

세넷 교수와 스벤손 교수는 이것을 바람직하지 않다고 생각했지만 또 어떤 이들은 이것을 이상적인 현대 생활로 보기도 했다.

플로리다 주립대학교 제임스 트위첼(James Twitchell) 교수는 쇼핑이 현대인의 삶에서 영적인 중요성까지 수반하는 '의미 형성 행위'로 자리 잡았다고 생각한다. "선조들이 살았던 세상은 일월성신이 만든 반면 우리가 사는 세상은 시장의 힘이 만들어냈다. 이들은 둘 다 구원을 약속한다. 하나는 신앙으로, 다른 하나는 제품 구입으로."

유명한 작가 제니퍼 마이클 헥트(Jennifer Michael Hecht)는 《행복의 신화(The Happiness Myth)》라는 책에서 이렇게 주장했다. "돈으로도 행복을 약간은 살 수 있다……. 소비자중심주의는 대중 앞에 모습을 드러내고 주목받는 사람이 될 수 있는 우리 문화의 중요한 기회가 되었다."

우리가 이런 일을 하는 이유는 기분이 좋아지고 행복해지기 위해서라고 말한 트위첼과 헥트의 생각은 옳다. 수많은 과학적 연구가 이 사실을 확실하게 증명한다. 그리고 실제로 뭔가를 사는 일은 우리를 행복하게 만든다. 그런데 얼마 동안이나 그럴 수 있을까? 이런 행복은 단 몇 분 혹은 단 몇 초 동안만 지속되는 경향이 있다. 정말이다! 연구원들은 구입한 물건을 집에 가져가기 위해 차에 싣기도 전에 행복감이 희미해질 수 있다는 것을 보여줬다.

행복에 대한 이런 접근 방식은 상당한 위험을 수반한다. 우리는 행복이 자신을 태우는 열정 안에 있다고 스스로에게 가르친다. 한 예로 홍콩 주민 가운데 약 7퍼센트는 행복해지기 위해 계속 흥청망청 돈을 써대는 쇼핑중독자라는 사실이 조사 결과 밝혀졌다.

이런 열정을 통해 뚜렷이 드러나는 진실은 새로운 것은 금세 빛을 잃고 오히려 낡은 것이 빛을 발한다는 사실이다. 이것이 물질주의의 얼굴이다. 심리학 교수 팀 캐서(Tim Kasser)의 말처럼 "강력한 물질주의적 가치관을 지닌 사람은 공감 능력이 매우 낮고 경쟁심이 강하며, 권모술수에 능하고 관대함이 부족하며, 친사회적인 행동을 별로 하지 않는다……. 물질주의는 건전한 사회를 좀먹는다.”

　상황을 명확하게 정리해보자. 물건을 사는 것은 결코 나쁜 일이 아니다. 사실 현대사회에서는 남이 파는 물건을 구입하지 않고는 도저히 살아갈 수 없다.

　그러나 물건은 우리를 오랫동안 행복하게 만들어주지 못한다. 우리를 행복하게 만드는 것은 함께 나누는 경험이다. 사람들은 대부분 자신의 구매 행동과 관련된 이런 전후 관계를 이해하지 못한다. 우리는 회사와 관계를 공고히 맺음으로써 얻을 수 있는 혜택을 보지 못한다. 사실 기업은 이윤을 추구하는 존재이지 인간이 아니

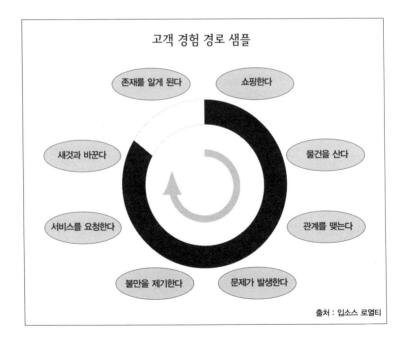

고객 경험 경로 샘플

존재를 알게 된다

쇼핑한다

물건을 산다

관계를 맺는다

문제가 발생한다

불만을 제기한다

서비스를 요청한다

새것과 바꾼다

출처 : 입소스 로열티

라는 점을 생각하면 이런 개념은 불합리하다고 할 수도 있다.

하지만 진실은 그와 약간 다르다. 우리는 추상적인 존재인 기업이 아니라 그 기업의 직원들과 상호작용한다. 우리로서는 이 사람들이 회사 얼굴이 되는 것이다. 이들과 상호작용하는 과정을 일종의 고객 경험 경로로 생각할 수도 있다. 시간이 지나면서 만날 때마다 서로 점점 알아가고 그러다 결국 진실한 관계를 맺게 된다.

어떤 기업과 관계를 맺게 되면 해당 기업과의 일체감에 변화가 생긴다. 그곳은 내가 거래하는 은행, 내가 다니는 식당, 내가 옷을 맡기는 세탁소가 된다. 그리고 어떤 면에서는 자신이 처한 환경 안에서 더 편안하고 친밀한 느낌도 든다. 그 결과 이런 관계는 상품과 서비스를 돈으로 바꾸는 단순한 경제적 교환을 뛰어넘는 방법

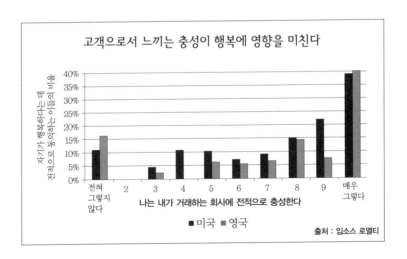

고객으로서 느끼는 충성이 행복에 영향을 미친다

으로 우리에게 이익을 안겨준다. 자기가 일하는 곳에 충성심을 강하게 느끼면 행복해질 확률이 훨씬 높아진다.

내 아이의 인생에서 충성의 중요성

과거에는 일과 인생의 다른 부분이 서로 경쟁한다고 생각했다. 그러나 일과 가정, 공동체, 자아를 통합하기 위한 현명한 조치를 취한다면 한층 더 생산적인 리더이자 충족된 인간이 될 수 있다.

– 스튜어트 프리드먼(Stewart Friedman), 펜실베이니아대학교 와튼스쿨 교수

미래는 어떤 모습일까? 누구나 한 번쯤 자기 자신에게 이런 질문을 던져봤을 테지만 자기가 미래에 영향을 미칠 수 있다고 생각하며 행동하는 경우는 매우 드물다. 그래서 대신 이렇게 충성심이 줄어든 것을 한탄하고 사람들 사이에 진정한 접촉이 사라진 것을 어쩔 수 없는 일로 치부하는 것이다.

경제적 번영 덕분에 우리가 누릴 수 있게 된 기회가 어마어마하게 많다. 그리고 그 결과 인간이 살아가는 조건이 예전보다 나아지지 않았다고 주장하기는 힘들다. 그러나 대가 없이 이뤄진 일이 아

닌 것은 분명하다.

서비스가 직장과 상점에서 경험하는 일상적인 상호작용의 일부였던 때를 기억하는 사람이 많을 것이다. 부모님이나 조부모님 세대는 대부분 평생 한 직장에서 일하면서 경력을 쌓으리라고 생각했다. 그리고 그분들이 물건을 사던 상점이나 거래하던 은행, 식사하던 식당에서는 직원들이 손님의 이름을 다 알고 있으면서 늘 따뜻한 호의와 관심을 보여주었다.

이런 식으로 충성을 증명하는 것이 별로 흥미롭거나 중요하게 생각되지 않을지 몰라도 하버드대학교의 존경받는 철학교수 조사이어 로이스는 우리가 사는 이 세상이 조화되기 위해 반드시 필요한 것이 바로 이런 종류의 충성이라고 했다.

[이런 충성] 유형은 그다지 흥미롭지는 않지만 이것을 꿰뚫어보려면 다양한 특성이 필요하다. 때에 따라서는 이것이 더 중요하기도 하다. 우리가 날마다 성실하게 수행해야 하는 수백 가지 의무가 바로 충성(이를 단조롭다고 했던가?)의 좋은 예다. 세상이 제대로 돌아가는 것도 이것 덕분이다.

이런 종류의 충성이 우리 삶에서 완전히 자취를 감춘 것은 아니지만 그리 멀지 않은 과거의 평화로운 날들과 비교해보면 직원이나 고객으로서 우리가 느끼는 충성이 크게 줄어든 것은 사실이다.

이는 경제 여건상 우리가 정말 중요하게 여기지 않는 것들을 모두 없애버렸기 때문이다. 소비자들이 그것을 위해 돈을 지불하기를 거부했기 때문에 기업들이 계속 보유하기에는 비용이 지나치게 많이 드는 대상이 되고 말았다.

주변에서 충성이 이렇게 쇠퇴하도록 내버려둔 것을 보면 우리는 아직 충성의 진정한 가치를 깨닫지 못한 것이 분명하다. 뛰어난 서비스를 제공하던 회사가 사라진 것을 슬퍼할 수는 있겠지만 실은 더 나은 거래 조건을 찾다가 우리 사업의 중요한 부분을 그것과 함께 유용했을 수도 있다.

업무 방식이나 제품 구매 방식으로 과거보다 단절감을 더 심하게 느끼는 오늘날의 추세에는 어떤 장점이 있는가? 충성이 사라진 세상에서 살아갈 아이들이 훗날 자신의 삶을 되돌아보면서 "내가 어렸을 때도 꼭 이랬는데"라고 말하게 될 미래를 편안한 마음으로 상상할 수 있는가? 물론 이런 미래를 원하는 사람은 아무도 없다. 그러나 우리가 지금 아무 조치도 취하지 않는다면 불가피하게 이런 결과를 맞게 된다.

현 체제를 포기하자는 것이 아니다(예를 들어 자본주의를 사회주의나 다른 '주의'로 바꾸는 등). 우리가 하고자 하는 말은 우리 삶의 인간적인 면이 더는 과소평가되도록 묵과할 수 없다는 것이다. 계속 이 상태로 놔뒀다가는 인간적인 면은 완전히 사라지고 미래에는 소외와 단절만 남게 될 것이다. 충성은 보편적인 인간성의 표현이다.

우리는 모두 경영진이나 직원 또는 소비자로 살아가는 자기 삶의 경제 방정식에 충성을 포함시켜야 할 책임이 있다. 경영진은 직원과 고객을 위해 충성을 촉진하는 조직을 만들 책임이 있음을 알아야 한다(관념적인 방법을 뛰어넘어 구체적으로). 이를 실행하기 위해서는 이것이 경제적으로나 윤리적으로 옳은 결정이라는 것을 증명해야 한다. 또 경기 순환이 멈췄을 때는 주주들에게도 이 부분을 제대로 증명해 그들이 기꺼이 회사의 장기적인 가치를 극대화하기 위해 올바른 결정을 지지하도록 해야 한다.

직원들은 자기가 하는 일이 단순히 생계비 마련을 위한 수단을 넘어 훨씬 의미 있는 것이라는 사실을 깨달아야 한다. 직장 동료에 대한 신의나 자기가 일하는 목적에 대한 충성심은 일터를 벗어나 훨씬 멀리까지 영향을 미친다. 이것은 우리의 정체성 확립을 도와주고 정신적인 건강에 영향을 미치며 우리를 타인과 연결시킨다.

마지막으로 우리는 모두 소비자다. 따라서 소비자로서 행동하는 것 때문에 삶의 모든 부분에서 충성이 훼손될 여지가 있다는 것을 알아야 한다. 사실 우리는 실제로 이런 일이 벌어지도록 방관하고만 있다.

미래는 미리 정해져 있는 것이 아니다. 우리는 그것이 전개되는 방식에 참견할 권리가 있다. 그리고 충성이 미래에 두드러진 역할을 하게 된다면 이 사회에서 충성이 표명되는 방식에 우리의 경제와 직업이 미치는 심오한 영향과…… 그것이 우리 안에 드러나는 방식을 알아야 한다.

우리는 거대한 기계에 속힌 무력한 톱니바퀴다. 경제는 우리에게 도움이 되기 위해, 우리가 중요하게 여기는 것들을 제공하기 위해 존재한다. 그렇기에 우리는 결국 경제가 작용하는 방식을 통제하게 된다. 우리가 충성을 정말 소중하게 여긴다면, 즉 충성을 높여주는 것들에 돈을 지불한다면 시장도 그에 반응할 것이다.

자기가 정말 소중하게 여기는 것이 무엇인지 결정하는 일은 자기 자신에게 달려 있다. 어차피 자기가 지불한 돈 이상의 것은 얻을 수 없기 때문이다!

해로운 충성

5

원칙 따위는 필요 없다! 자기편에게 충실히 하라.
　　　－ 벤저민 디즈레일리(*Benjamin Disraeli, 1804~1881*), 영국의 전 수상

충성에는 우리를 하나로 묶어주는 힘이 있다. 이를 통해 우리 문명에 질서가 생기고 인생의 의미가 생겨난다. 그러나 살면서 겪게 되는 다른 모든 일과 마찬가지로 충성도 양날의 칼이다. 따라서 선을 위한 힘으로도, 악을 위한 힘으로도 사용될 수 있다.

충성스러운 나치나 KKK단원, 갱단의 일원이 되는 것도 물론 가능하다. 바람을 피우지는 않지만 상대방을 학대하는 배우자, 회사에서 성실하게 일하면서도 부당한 대우를 받는 직원, 나라에 충성했지만 박해받는 국민이 되는 것도 가능한 일이다. 하지만 이런 상황에서는 충성이 우리 삶에 행복과 조화를 안겨주는 열쇠라고 주장하기 어렵다.

철학자 이마누엘 칸트(Immanuel Kant)는 인간의 모든 욕망과 성향은 오용될 수 있으며 극단적인 상황에서는 가장 위대한 미덕조차 악으로 바뀔 수 있다고 주장했다. 가장 널리 알려진 미덕인 사랑을 예로 들어보자. 사랑은 기록으로 남아 있는 역사상의 모든 시나 산문, 노래에서 힘과 영감의 원천으로 이상화되고 있지만 안타깝게도 비극적인 종말을 맞은 사랑 이야기들도 심심찮게 찾아볼 수 있다. 곳곳에 있는 몇몇 절벽이 '연인들의 절벽'으로 알려진 것도 우연은 아니다. 유명한 가수 겸 작곡가인 스팅(Sting)은 사랑이 지닌 치유와 파괴의 특성을 "사랑은 망가진 인생을 고쳐주지만 가슴을 찢어놓기도 한다"라는 노랫말로 간결하게 표현했다.

불행히도 우리 가운데 60퍼센트 정도는 자신의 감정적·심리적 행복에 해를 끼치는 관계에 애착을 느끼고 있다. 이 가운데 대부분

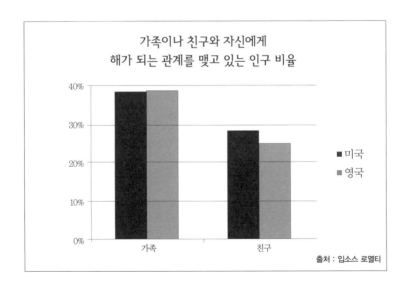

은 가족이나 친구들과 맺은 관계다. 이런 관계가 우리 행복을 크게 저하시키는 것은 당연한 일이다.

해가 되는 충성 가운데 일부는 행복 그 이상의 것에까지 피해를 입힐 수 있다. 이것은 공동체, 더 크게는 우리 사회의 구성까지 갈가리 찢어놓을 수 있다. 우리 역사에는 어떤 대상이나 사람에게 충성하기 위해 전념한 악인들이 가득하다. 슬픈 일이지만 우리는 지금도 여전히 잘못 판단한 충성으로 생겨난 비극을 목격하고 있다.

사랑이 그러하듯이 충성도 공동체를 결속하고 삶을 풍요롭게 만들 수 있다. 그러나 그릇된 방향을 향한 충성은 공동체를 무너뜨리고 영혼을 까맣게 태워버린다. 하지만 사랑이 실패할 수 있다는 것을 알면서도 포기하지 않는 것처럼, 충성에 대한 욕구도 쉽게 포기할 수 없다. 그러므로 충성이 언제 우리에게 힘을 주고 언제 해를 끼치는지 아는 것이 매우 중요하다.

악의 길에 바친 충성

영화 〈캐리비안의 해적(Pirates of the Caribbean)〉의 성공은 지금까지 해적의 역사가 낭만적으로 묘사되어왔다는 증거다. 모든 해적이 다 조니 뎁(Johnny Depp)이 그려낸 해적 선장 잭 스패로우처럼 매력적이었다면 진짝 만용을 부리면서 빙약무인하게 행동하는 해적과의 사랑 이야기도 믿을 수 있었을 것이다.

그러나 사실 해적은 잔인한 범죄자들의 오합지졸이라는 것이 현실이다. 해적들은 천성이 난폭한데다 자신들의 배에 강한 애착을 보였다고 알려져 있다. 모험소설이나 영화에서 자주 이상적으로 묘사되는 해적의 규약은 17세기 카리브 해에서 암약하던 '바다의 형제들'이라는 해적단이 사용하던 진짜 규약이다.

해적들은 범죄 집단과 관련된 거의 전설에 가까운 오랜 전통을 따랐다. 그리고 그 전통은 마피아, 야쿠자, 삼합회 등 충성 교의로 유명한 범죄 조직들을 통해 계속 이어지고 있다. '매우 사이가 좋다(thick as thieves)'는 표현이 가장 긴밀한 유대감을 의미하는 것은 우연이 아니다.

범죄 행위를 지원하는 집단이나 개인에 대한 충성이 사회에 직접적으로 해를 끼치는 것은 자명하다. 그러나 그런 범죄 행위를 지지하기 위해 충성을 입증하는 사람에게도 피해가 돌아가기는 마찬가지다. 체포 또는 투옥될 수 있다는 단순한 위험은 차치하더라도, 범죄자들 사이에서 신의를 지키려면 타인을 자신의 희생양이나 생계 수단으로 봐야 하기 때문에 결국 기본적인 인간성이 말살되는 것이다. 이런 사고방식에 뿌리를 둔 전염성 있는 행동은 프랑켄슈타인 박사가 만들어낸 괴물의 행동과도 같아서 반사회적이고 신뢰할 수 없으며 때로는 위험하기까지 하다.

다행히도 사람들은 대부분 범죄자들의 충성에 내재된 위험을 알아보고 그것을 거부한다. 또 사회적인 관습을 거부하는 반항아가 되겠다는(제임스 딘(James Dean)이나 말론 브란도(Marlon Brando) 같은) 꿈도 상상 속에서 늘 매력적인 모습을 뽐내기는 하지만 환상이 현실보다 훨씬 멋져 보이는 법이라는 것은 다들 잘 알고 있다.

그러나 인생의 어두운 부분이 우리 마음을 끌거나 '올바른 길'을 저버리는 것을 막기 위해 하는 수 없이 남들이 싫어하는 것이나 반사회적인 길을 택해야 하는 경우가 가끔 있다. 그리고 때로는 선과 악의 차이를 구별하는 것이 거의 불가능한 경우도 있다. 어두운 부분이 사람의 흥미를 유발하기도 하고 심지어 애국심 같은 존엄한 가면으로 본모습을 가리고 나타나기도 한다. 이런 경우 충성을 요구하는 것은 그리스신화에 나오는 사이렌(siren)들의 부름이나 마찬가지다.

독일 제국과 국민의 총통이자 군부 최고사령관인 아돌프 히틀러에 대한 무조건적인 복종을 신의 이름으로 엄숙히 선서한다. 나는 이 맹세에 따라 언제든 용감한 군인으로 목숨을 바칠 준비가 되어 있다.

21세기인 지금도 이런 소름 끼치는 말을 들으면 과대망상과 잔인성으로 서구 문명사회 대부분을 위협한 기분 나쁘고 불길한

괴물의 유령이 되살아날 것만 같다. 전 세계가 히틀러의 광기에 혐오감을 느끼며 히틀러의 잔인함을 직접 겪어보지 않은 이들조차 그를 질색한다. 최근 한 오스트리아인은 '히틀러에 대한 맹세'를 휴대전화 음성메일의 인사말로 사용한 죄로 2개월 형을 선고받았다.

그러나 1934년에 이 맹세를 한 독일 군대의 장교들 사이에서는 이 서약이 상당히 다른 감정을 불러일으켰다. 그들의 애국심과 의무감을 고취한 것이다. 또 히틀러에게 반기를 든 독일 장교가 그렇게 적은 주된 이유는 독일 군인들에 대한 히틀러의 가혹한 처사와 불합리한 군사 전략과 전술 그리고 그의 명령 아래 저질러진 그 모든 범죄에도 불구하고 바로 이 충성 서약 때문이었다.

히틀러의 나치정권을 무찌른 것보다 더 정당한 정권 타파는 상상하기 어렵다. 필자 가운데 한 사람의 친구이면서 독일 장교로 복무 중인 사람이 이런 말을 한 적이 있다. "나는 우리나라가 전쟁에서 진 것이 기쁘다. 농담이 아니라 정말이다." 그러나 1930년대와 1940년대에 히틀러에게 충성을 맹세한 독일 군인들은 나치의 승리를 바랐을 뿐만 아니라 그것을 위해 자기 목숨을 바치거나 남의 목숨을 빼앗는 것이 정당하다고 생각했다.

다쓰베이더(Darth Vader) 같은 사악한 인간에게 충성을 바치는 것이 잘못되었다는 점이 명백하기 때문에 전 세계 국가들에서는 다행스럽게도 이런 광기가 마음을 끄는 유혹이라기보다는 무지의 특성으로 간주되는 경우가 많다. 증오 그룹에 충성을 바치는 것은 정말 용납할 수 없는 일이므로 대개 터무니없다고 생각한다. 또 이런 식의 충성은 그 부조리함 때문에 주로 코미디언들이 펼치는 우스꽝스러운 연기에서 웃음 소재로 사용된다.

한 예로 데이브 채플(Dave Chappelle)이 진행하는 유명한 코미디 프로그램 〈채플 쇼(Chappelle's Show)〉의 첫 회에는 PBS 시리즈 〈프론트라인(Frontline)〉의 패러디가 등장했다. 여기에서는 시각장애인이면서 백인우월주의자인 클레이튼 빅스비(Clayton Bigsby)의 일대기가 나왔는데, 그는 이 운동을 이끄는 작가이자 대변인이었다. 그런데 역설적이게도 앞을 못 보는 빅스비는 자기가 흑인이라는 사실을 평생 모르고 살았다. 자신이 아프리카계 미국인이라는 사실을 알게 된 빅스비가 19년 동안 함께 산 아내에게 흑인을 사랑했다는 이유로 이혼소송을 제기하는 비극적인 상면이 나오며 이 프로그램은 끝난다.

빅스비가 보여준 충성의 아이러니는 인종차별주의가 얼마나 터무니없는 것인지 강조한다. 또 타인에 대한 증오를 기반으로 만들어진 원칙에 충성을 바치는 것은 곧 자멸에 이르는 길이라는 것을 유머러스하게 증명한다. 채플의 코미디 촌극이 상기시켜주는 것처럼 우리는 자기가 싫어하던 존재가 된 자신의 모습을 문득 깨닫는 경우가 많다.

불행히도 가장 끔찍한 공포와 불신에 기반을 둔 충성 요구가 지금도 우리를 괴롭히고 있다. 눈에 띄는 예를 하나 들면, 미국 전역의 수많은 빈민가 공동체에 널리 퍼져 있는 '밀고 금지' 운동이라는 것이 있다.

밀고 금지는 "그 어떤 이유로도 경찰에게 협력하지 마라"라는 의미를 지닌 인기 있는 힙합 슬로건이다. CBS 뉴스의 〈60분(60 Minutes)〉의 보도처럼 "이 메시지는 힙합 비디오, 티셔츠, 웹 사이트, 앨범 표지, 거리 벽화 등 어디에나 등장한다. 유명 래퍼들도 DVD에서 끝없이 이 이야기를 한다. 경찰과 이야기하지 말라는 말은 방방곡곡의 아프리카계 미국인 공동체에서 흔히 들을 수 있는 간단한 메시지다."

예전에는 경찰에게 잡힌 범죄자들에게만 국한된 침묵의 규약에 대한 비틀린 충성을 의미하던 '밀고 금지'는 이제 빈민공동체의 문화적 규범으로 자리매김하면서 치명적인 결과를 낳고 있다. 잔혹한 살인 사건이 벌어져도 목격자들이 밀고를 거부하기 때문에 결국 미해결 상태로 남게 된다. 이것은 미국의 여러 도시에서 벌어지는 무법행위를 멈추는 데 심각한 장애가 되고 있다.

"어느 쪽이 더 좌절감을 안겨주는지 잘 모르겠어요. 서로 죽고 죽이는 이 바보들인지 아니면 경찰관에게 협력하려 들지 않는 주민들인지." 좌절감에 사로잡힌 어느 경찰관이 한숨을 내쉬며 한 말이다. 또 다른 경찰관은 "밀고자로 비난을 받고 싶어 하는 사람은 아무도 없어요. 이곳 사람들은 폭력에 너무 무감각해져 이제는 거의 삶의 한 방식이 된 듯합니다."

'밀고 금지' 운동이 잘못된 충성 원리를 구현하는 것은 분명하다. 범죄를 옹호하고 사회에 반기를 드는 문화적 규범은 공상과학소설의 세계에나 맡겨두면 좋을 텐데 이것이 우리 사회의 빈민가까지 스며든 것이다. 그리고 이것은 삶의 어두운 면에 바치는 충성 때문에 우리 주변에 항상 존재하게 된 위협을 실시간으로 상기하는 구실도 한다.

우리는 모두 민족적 편견이나 인종 편견, 무법 행위가 명백한 악이라는 사실에 동의하지만 그런 악의가 겉으로 분명하게 드러나는 경우는 드물다는 사실도 잘 안다. 사실 인생의 어두운 면에 대한 충성은 사랑이나 소속감의 증거, 고귀한 선을 달성하기 위한 수단, 심지어 신에 대한 헌신적인 사랑의 증거로 위장하는 경우가 많다. 그러나 늑대는 아무리 양가죽을 뒤집어써도 여전히 늑대고, 사실상 충성의 모든 결점은 암흑의 세계에 바친 충성의 결과물이다.

신에 대한 맹목적인 충성

사람들은 대부분 과학으로 증명할 수 없는 어떤 대상을 믿는다. 사실 우리가 가장 열렬히 믿고 열심히 고수하는 여러 가지 일이 과학적으로는 전혀 말이 되지 않는 것들이라고 당당히 말할 수 있다. 에밀리 디킨슨(Emily Dickinson)의 말을 인용하면 "신앙은 탁월한 발명품이다."

그러나 신앙에도 어두운 면은 존재한다. 자기 자신보다 더 큰 대상의 일부가 되고 싶어 하는 인간 고유의 욕구가 우리의 이성을 무시할 가능성이 있다. 《공산당 선언(Communist Manifesto)》을 쓴 칼 마르크스(Karl Marx)는 "신앙은 대중의 아편이다"라는 유명한 말을 했다. 마르크스의 일반론이나 이런 말을 한 의도를 지지하지는 않더라도 그의 비유를 좀 더 확대해볼 수는 있다. 즉 신앙이 광신이 되면 중독과 같은 양상을 나타내는 것이다. 다른 것들은 그 무엇도 중요하지 않고 자신의 신앙을 뒷받침하기 위해 잘못된 선택을 하게 된다.

인간 역사의 도처에서 신의 이름으로 자행된 살인이 인류를 병들게 했다. 또 불행히도 우리가 사는 이 세상에는 자신의 신앙이 도덕적 우월성을 안겨주고 신을 대리하는 정의의 손으로 행동할 수 있는 권리를 준다고 믿는 사람이 지금도 거의 없다. 그들은 자기가 이 세계의 판사이자 배심원, 형 집행인이라는 몽상에 빠져 있다.

그러나 신이 자신의 일을 대신 수행해줄 누군가를 '필요로 한다'는 것이 얼마나 아이러니한 말인지조차 광신자들은 깨닫지 못한다. 몇몇 얼간이(필자들도 이에 속한다)들은 〈스타 트렉(Star Trek)〉에서 어떤 영묘한 존재가 신인 척하면서 커크 선장에게 우주선 USS 엔터프라이즈(USS Enterprise) 호를 쓰겠다고 명령했을 때 커크 선장이 한 유명한 대답이 떠오르기도 한다. "신에게 왜 우주선이 필요한가요?" 아니면 "당신네 신에게는 자기를 대신해 다른 사람을 죽여줄 이가 필요하다니, 아니 대체 신이 얼마나 허약하기에 그렇죠?"라는 코미디언의 농담이 그것이다.

사실상 모든 종교의 신봉자들은 자기가 택한 길이 유일하게 올바른 길이라고 믿는다. 이런 생각은 해도 괜찮다. 또 언젠가는 모든 종교가 자신과 대등한 다른 종교의 미덕과 가치를 깨닫게 되리라 상상하는 것도 멋진 일이지만 이런 일은 우리가 사는 세상에서는 결코 일어나지 않는다. 그래도 괜찮다. 그러나 종교적 신념에 충실하겠다고 국외자(같은 믿음을 공유하지 않는 자)들을 정복해 우리 뜻에 따르게 하거나 천벌을 내리려 든다면 우리는 이미 어두운 길을 택한 셈이다. 이것은 결코 괜찮지 않다. 이상 끝!

맹목적 충성으로 신의 이름 아래 다른 이들을 죽일 뿐만 아니라 때로는 자기 목숨을 바치기도 한다. 카리스마 있는 종교 지도자들이 선동하는 집단 자살은 이른바 '신실한 신자' 들이 신앙의 이름을 걸고 어디까지 갈 수 있는지를 명확하게 보여주었다. 그들은 기꺼이 자신의 모든 것을 희생한다.

1997년에는 천국의 문(Heaven's Gate)이라는 종교 집단의 신자 38명이 함께 자살한 사실이 밝혀져 세상을 깜짝 놀라게 했다. 이들의 지도자인 마셜 애플화이트(Marshall Applewhite)는 스스로 목숨을 끊어야만 영혼이 헤일 밥(Hale-Bopp) 혜성 뒤에 숨어 있는 우주선에 올라탈 수 있다며 신도들을 설득했다. 애플화이트의 주장에 따르면 이 우주선에는 예수가 타고 있다고 했다.

아마 최근 역사에서 영적 지도자의 집단 자살 요구에 따른 가장 악명 높은 사례는 가이아나의 존스타운 정착지에서 벌어진 인민사원(Peoples Temple) 신도들의 집단 자살일 것이다. 이 그룹의 지도자 짐 존스(Jim Jones)는 미 하원의원 리오 라이언(Leo Ryan)과 라이언의 측근들이 존스의 명령으로 살해된 직후 신도들에게 자살하라는 명령을 내렸다. 900명 이상이 죽었는데 그 가운데 276명은 아이들이었다. 그들은 대부분 청산가리를 탄 플레이버 에이드(Flavor-Aid, 쿨에이드(Kool-Aid)라고 잘못 알려져 있다)를 마시고 죽었다. 이런 참혹한 비극이 벌어진 뒤 미국 사전에는 '쿨에이드를 마시다' 라는 새로운 표현이 추가되었다. 이 말은 어떤 신념을 너무 열렬히 맹목적으로 따르는 바람에 올바른 판단이 불가능해지는 경우를 말할 때 사용된다.

오늘날 우리는 존스타운에서 벌어진 비극이 얼마나 무분별한 것인지 잘 알고 있다. 다행히 짐 존스의 아들 스테판 존스(Stephan Jones)는 다른 이들과 함께 자살하지 않았다. 그 시간에 가이아나 국가대표팀을 상대로 벌어진 농구 시합에서 인민사원 팀 선수로 뛰고 있었기 때문이다. 현재 스테판은 결혼해 세 자녀를 두고 있으며, 자기 아버지의 죽음을 전혀 슬퍼하지 않는다. 그러나 〈존스타운 : 실낙원(Jonestown : Paradise Lost)〉이라는 다큐멘터리의 일부로 방영된 인터뷰에서 스테판은 소름 끼치는 사실을 인정했다. 자기가 그 끔찍한 날 존스타운에 있었다면 자기 아버지에 대한 환멸과 삶에 대한 강한 의지에도 불구하고 다른 사람들과 함께 목숨을 끊었을 확률이 매우 높다는 것이다. 그렇게 중요하게 여기던 자기 집단을 실망시키지 않기 위해 그 순간에는 죽음이 바람직한 선택처럼 여겨졌을 수도 있다고 말했다.

모든 종교는 하다못해 신도들 가운데 극히 일부라도 맹목적인 신앙에 빠질 여지가 있다. 그리고 이런 이들을 볼 때면 광신적인 분위기 때문에 존스타운이나 천국의 문 같은 비극을 떠올리면서 이들은 진실한 종교 단체가 아니라 이교 집단이라고 생각하게 된다. 그러나 잠시 생각해보자……. 이 세상에 존재하는 종교 가운데 하나 또는 전부의 핵심적인 교의가 명백히 거짓이라는 반박할 수 없는 증거가 제시될 경우 이들 종교가 완전히 종말을 맞게 될 것 같은가? 많은 이들이 자신의 신앙을 버릴 수는 있을 것이다. 그러나 모든 이들이 신앙을 포기하는 것은?

최후의 심판일을 신앙의 기조로 삼는 이교 집단들을 보면 이미 그 답을 알 수 있다. 이들이 자신의 믿음이 허위라는 사실을 객관적으로 입증하는 증거를 목격할 경우(예를 들어 세상이 종말을 맞을 것이라고 생각한 날에 종말이 찾아오지 않아도) 이것 때문에 믿음을 저버리게 될까? 대답은 절대 그렇지 않다는 것이다. 헌신적으로 믿는 이들에게 예언이 들어맞지 않는 법이란 없다. 실제로 광신자들은 이런 상황이 발생하면 '근소한 차이로 목표일 변경, 모방 예언자 환영, 사회적 지지 기반을 확보하기 위한 전도 활동 강화(닐 와이저(Neil Weiser), "예언 불일치가 헌신적인 신도들에게 미치는 영향," 《아마겟돈을 기다리며(Expecting Armageddon: Essential Readings in Failed prophecy)》, 존 R. 스톤(Jon R. Stone) 편집, 뉴욕, 루틀리지, 2000, p. 106)' 등의 방법을 동원해 합리화를 시도한다. 다시 말해 예언이 들어맞지 않은 덕분에 가장 충실한 신도들의 교의에 대한 지지가 한층 강화된 셈이다.

다행히도 사람들은 대부분 더 나은 삶을 살기 위한 방법으로 자신의 종교적 신념을 이용한다. 여기서 '더 나은' 삶이란 다른 인간에 대한 연민, 용서, 사랑으로 충만한 삶을 의미한다. 우리 가운데 압도적인 다수는 신의 이름으로 타인에게 해를 끼친다는 생각에 혐오감을 느낀다. 신의 이름을 내걸고 자행하는 자살 또한 마찬가지다. 세계의 종말을 예언하는 종교가 많지만 신도들은 대부분 이 문제를 신의 손에 맡기고 자기 자신과 자신이 속한 공동체를 개선하는 데만 전념한다.

흔히 경험하는 맹목적인 신념이나 충성

맹목적인 신념의 극단적인 예는 종교 분야에서만 찾아볼 수 있는 것이 아니다. M. 라마르 킨(M. Lamar Keene)은 과학으로 설명할 수 없는 사건에 대한 믿음, 특히 그것이 일부러 꾸며낸 것이라는 사실이 밝혀진 뒤에도 계속되는 사람들의 꾸준한 믿음을 설명하기 위해 '맹신 증후군(true believer syndrome)' 이라는 표현을 만들어냈다. 이런 사건의 예는 무수히 많다.

심리학자 빅터 베나시(Victor Benassi)와 배리 싱어(Barry Singer)는 마술사 크레이그 레이놀즈(Craig Reynolds)를 동원해 가짜 심령 공연을 하는 실험을 했다. 참가자들에게는 미리 레이놀즈가 마술사이고 공연 내용은 전부 꾸며낸 것이라고 말했다. 그런데도 참가자들 가운데 50퍼센트 이상이 자기가 진짜 심령 활동을 목격했다고 믿었다. 마술을 이용한 속임수라는 얘기를 미리 해주었는데도 말이다.

1988년 오스트레일리아를 여행하던 호세 알바레즈(José Alvarez)는 자신이 베네수엘라에서 온 '카를로스(Carlos)'라는 2,000년 된 영혼과 교신했다고 주장했다(교신은 죽은 사람의 영혼이 산 사람의 몸에 들어가서 그의 입을 통해 말할 수 있게 되는 과정을 가리키는 용어다). 카를로스의 오스트레일리아 여행은 시드니 오페라하우스에 모여 열광하는 청중 앞에서 대규모 행사를 펼치는 것으로 막을 내렸다. 훗날 이것이 그의 장난이었다는 사실이 폭로되었지만 이렇게 속임수의 전모가 밝혀진 뒤에도 카를로스의 존재를 계속해서 믿는 이들이 많았다.

맹목적인 신념으로 잘 속아 넘어가는 이들을 조롱하면서 스스로 위안을 얻고 싶어 하는 사람들이 많지만 사실 어느 정도까지는 다들 이와 똑같은 병을 앓고 있다. 신의 이름으로 폭력을 휘두르지도 않고, 기만적인 심령 현상을 밝혀주는 확실한 증거를 부인하지도 않는다고 해서 반드시 맹목적인 충성과 전혀 관련이 없는 것은 아니다. 그 정도가 다를 뿐이다.

사실 우리는 맹목적인 신념이 어떤 것인지 경험으로 알고 있다. 실패할 것이 뻔한데도 경영진이 적극적으로 밀어붙이는 바람에 시행하게 된 프로젝트에 배정된 사람은 실생활에서 맹목적인 신념을 체험한 것이다. 이 경영진은 자신들의 생각과 반대되는 증거가 수없이 많은데도 프로젝트가 실패할 수 있다는 점을 머릿속에 그려보지 못하는 것인데, 우리의 충성심에도 이와 똑같은 일이 벌어진다. 우리는 친구나 배우자 또는 평소 품고 있던 숭고한 이상이 믿을 수 없는 것이라고 알려주는 수많은 증거가 제시되고 헌신하던 대상에게 배신당한 뒤에도 여전히 신의를 지키는 이들을 알고 있다.

그들은 그것을 여전히 믿고 싶은 것이다. 그런 생각이 계속 머릿속을 떠나지 않고 단단히 붙박여 있다. 심리학 분야의 연구원들은 인간의 뇌가 어떤 사안에 대해 자신에게 가장 유리한 시각을 고수한다는 사실을 알아냈다. 또 인간의 정신은 상충되거나 자신의 믿음과 철저히 반대되는 정보가 있어도 그 시각과 일치하는 '사실'에만 선택적으로 관심을 기울인다. 굳건한 믿음을 고수하는 것은 인간의 기본 성향으로 삶의 모든 부분에 영향을 미치는데 충성도 예외는 아니다.

맹목적인 신념이나 충성이 우리를 반드시 사악한 방향으로 이끌고 가는 것은 아니지만 잘못된 신념을 지키기 위해 이성의 움직임을 막는다면 이는 우리 모두에게 요구되는 자유로운 삶을 살기 위한 개인적인 책임을 포기하는 셈이다. 따라서 어떤 선택을 할 때는 사실에 근거하여 자신이 믿는 바와 신념을 바탕으로 자신이 믿고 싶은 것을 반드시 구별해야 한다. 갈릴레오(Galileo)의 표현처럼 "우리에게 감각과 이성, 지력을 주신 하느님이 그 사용을 금하시면서 그것들을 이용해 얻을 수 있는 지식을 다른 방법으로 알려주실 것이라 생각할 이유가 없다."

당파적 충성

조국을 배신하는 것과 친구를 배신하는 것 가운데 하나를 선택해야
만 하는 상황이라면 조국을 배신할 용기가 있었으면 좋겠다.

– E. M. 포스터(E. M. Forster, 1879~1970),

"민주주의를 위한 두 번의 갈채"(혹은 "내가 믿는 것")

이 말은 충격적인 데다가 반역의 혐의까지 있다. 극단적인 견해
가 거의 다 그렇듯이 조국보다 친구를 지지하는 쪽이 도덕적으로
용납 가능한 선택인 경우가 분명히 있다. 반대로 그런 선택이 절대
적으로 부도덕한 경우도 있다. 제2차 세계대전 당시 나치에 저항
하던 레지스탕스 세력은 유대인과 소수 민족 출신자들을 나치 집
단 수용소에서 구해내기 위해 목숨을 내건 소수의 용감한 이들로
구성되었다. 이들은 애국의 기치를 내건 프로파간다를 무시함으로
써 도덕적으로 용납되는 결정을 내렸다.

미국에서는 자신이 누구보다도 애국자라 여긴 워터게이트
(Watergate) 스캔들의 주요 피고 G. 고든 리디(G. Gordon Liddy)가 다
른 공모자들에 대한 정보 제공을 거부했다. 하지만 자기가 닉슨
(Nixon) 전 대통령을 대신해 저지른 범죄가 애국적인 행동이었다고
믿은 리디조차 충성에 한계를 드러냈다. 어떤 상황에서라면 당국

에 협조하겠느냐고 묻자 그는 이렇게 대답했다. "닉슨이 KGB나 그와 비슷한 기관에 조국을 팔아넘겼다는 사실을 알게 된다면 협조하겠소."

그러나 오클라호마시티 연방정부 청사 건물을 폭파하려고 준비할 때 테리 니콜스(Terry Nichols)가 자기 친구 티모시 맥베이(Timothy McVeigh)에게 보여준 지지를 도덕적으로 합당하다고 생각하는 이는 거의 없다. 그 건물 1층에 있는 어린이집에서 놀던 아이들을 비롯해 168명의 무고한 인명을 앗아간 친구를 도운 일을 정당화하는 것은 확실히 불가능하다.

조국 대신 친구를 선택하는 누구에게도 득 될 것이 없는 이런 상황은 다행히 수사학적인 가설에 불과하다. 사실 누구나 어떤 부분에서는 정부의 정책이나 업무, 절차 등에 대해 불평을 늘어놓지만 자유 사회에서 정부는 국민이 자발적인 투표로 구성했다. '국민의, 국민에 의한, 국민을 위한 정부'를 세우고자 하는 목표가 항상 이루어지는 것은 아니지만 "정부는 국민이 구성하며 통치받는 이들의 동의로 정당한 권력을 얻는다." 다시 말해 자유 사회에서는 결점이나 기타 모든 것을 포함한 '국민'이 곧 정부라는 얘기다.

그렇다면 어째서 우리는 뚜렷한 결함을 가지고 있고 때로 멍청한 짓까지 저지르는 지도자들을 너그럽게 봐주는 것일까? 그것은 우리가 체제에 대한 충성은 확실하게 증명하면서 지도자들 자체에 이의를 제기해 지도자들이 맺은 사회적 계약을 종료시키려 하기 때문이다. 실제로 민주주의 체제에서는 대중의 비판을 허용하며 그 누구도 비판에서 자유로울 수 없다. 시어도어 루스벨트(Theodore Roosevelt) 전 대통령은 "대통령을 비판해서는 안 된다거나 옳건 그르건 간에 대통령에게 의지해야 한다고 말하는 것은 비애국적이고 비굴한 행동일 뿐만 아니라…… 국민에 대한 도덕적인 반역 행위다"라고 단언했다. 그리고 정부를 감시·비판하기 위해서는 국민의 요구를 파악하고 변화에 대한 국민의 의지를 하나로 모을 의무가 있다. 민주주의 체제는 완벽함과는 거리가 멀지만 윈스턴 처칠(Winston Churchill)은 이렇게 말했다. "민주주의는 최악의 정부 형태다. 지금까지 시도해본 다른 모든 정부 형태를 제외하면 말이다."

정부의 성공 여부는 국민을 대표해 명예와 책임을 위임받은 이들이 업무를 성실하게 수행하느냐에 달려 있다. 이 지도자들은 유권자들에게 최대한의 이익이 돌아가도록 행동함으로써 자신을 뽑아준 국민뿐만 아니라 나라의 최고법에 충실해야 한다. 하지만 정치적 배경에서 '충성'과 '정부'가 동시에 언급되는 경우에는 대개 '충성'이 '당파적 충성'을 완곡하게 표현하는 것이 되어버린다. 바꾸어 말하면 국민의 대표라는 이들이 실은 자기가 속한 정당의 의안제출권과 정책을 따르는 경향이 있다는 것이다.

정당에 대한 충성에 원래부터 잘못된 점이 있다고 말하려는 것이 아니다. 정당은 수백 년 전부터 존재하면서 유익한 역할을 하고 있다. 이들은 다수의 국민에게 중요한 문제를 해결할 수 있는 공통된 토대를 제공한다.

물론 어떤 이데올로기를 갖는 것이 잘못된 일은 아니다. 또 다른 이데올로기와 의견이 상충하는 것도 전혀 이상할 것 없다. 특히 그 목적이 '우리 자신과 후손들이 받을 자유의 축복을 지키기 위해'서인 경우에는 더욱 그렇다. 그러나 의견 차이가 있다고 해서 반드시 상대방을 싫어할 이유는 없다. 선거로 선출된 공직자들은 사회를 개선하기 위해 노력할 의무가 있다. 그 결과 아무리 다수 의견이라 해도 그것을 이용해 소수 의견을 억눌러서는 안 된다. 따라서 절충안을 내건 솔직한 논의만이 실행 가능한 유일한 대안이다. 이것이 정치 생명의 특징이며 '충성스러운 반대자'가 되기 위해 꼭 필요한 것이기도 하다.

이데올로기가 출마자들의 길잡이가 되듯이 정당도 유권자들에게 길잡이를 제시한다. 마이클 킨슬리(Michael Kinsley)는 이렇게 말했다.

선거로 선출된 공직자들이 여러분을 대신해 내려야 하는 수많은 결정은 여러분이 누구를 뽑을지 정해야 하는 순간에도 결론이 나지 않았다. 이데올로기는 맹세나 약속 같은 기능을 하며 여러분 같은 유권자의 표를 원하는 정치가들을 그들의 정치 철학과 인격이라는 두 가지 잣대로 판단할 수 있도록 도와준다. 여러분은 그의 정치 원리에 공감하는가? 그는 새로운 사안이 제기되었을 때도 자신의 정치 원칙을 고수하는가? 이데올로기가 없는 정치가는 유권자들에게 잘 살펴보지도 않았는데 물건을 사라고 권유하는 것이나 마찬가지다.

하지만 자신이 대리하겠다고 맹세한 국민이나 지지를 서약한 최고법에 대한 충성보다 당파적 충성을 우선시하면 문제가 발생 한다. 어떤 신문기자는 자기가 사는 나라의 정부 상태를 가리켜 "게으르고 이기적이며, 겉만 번드르르하고 지리멸렬한 한물 간 인간들과 절대 성공할 가능성이 없는 인간들이 모여 유해한 정부 를 제거하려고 노력하기보다 자신이 겪는 반목이 더 중요하다고 결정하는 집단이다"라고 묘사했다. 흥미로운 사실은 많은 국가 들의 최근 정치 상황에 이 관찰 결과를 그대로 대입할 수 있다는 것이다.

당파 정치는 새로운 것이 아니다. 그리고 당파적인 책략을 혐오 하는 이들이 많지만 한 나라의 역사에서 가장 심한 당파주의의 표 어는 대개 멜로드라마 같은 성격을 띤다. 그리고 역사상 최악의 당 파주의가 만연한 뒤에는 반란이나 쿠데타, 내란이 전국적으로 일 어나곤 한다. 그러나 다행히도 서구 사회에 사는 사람들은 대부분 반란이나 내란을 심각하게 걱정할 필요가 없다.

최악의 경우 당파 정치 때문에 정치적 이데올로기에 따라 나라 가 분열될 위험도 있다. 내가 속한 정당의 결점에는 눈감고, 정당에 속하지 않은 외부인들의 행동은 잘못되었거나 사악하다고 생각한다. 조지 오웰(George Orwell)의 말처럼 "양대 정당에 충성을 바치는 이는 자기 당이 저지르는 잔학 행위에 반대 의사를 표시하지 않을 뿐만 아니라 그것에 대한 얘기조차 듣지 못하는 놀라운 능력을 자랑한다."

최악의 상태를 보여주는 당파적 추종자들은 그래도 충성스럽고 열정적인 공직자인 체하는데 이런 모습은 자유 사회와 완전히 반대되는 전체주의 정권을 연상시킨다. 오웰의 말을 한 번 더 인용하면 "전체주의 체제는…… 확실한 근거도 없고 주변의 명확한 진실과 불일치하는 경우가 많은데도 널리 받아들여져 굳건하게 고수하는 믿음을 심어준다." 여기에서 '당파적 추종자'를 '전체주의 정권'으로 바꿔놓아도 똑같이 말이 통한다.

그러나 선거를 통해 선출된 공직자들도 극단적인 당파주의를 끝맺지 못한다. 사실 정치적 당파주의를 실천하더라도 그것이 새로운 조직이나 정확한 정보를 근거로 결정을 내리기 위해 진짜 정보를 얻을 수 있는 주요 출처에 스며들지 못한다면 아무 소용없다.

패러디 뉴스 프로그램인 〈데일리 쇼(The Daily Show)〉를 진행하는 코미디언 존 스튜어트(Jon Stewart)는 CNN의 〈크로스파이어(Crossfire)〉에 출연해 언론을 강하게 비판했다.

당신네는 당파적 추종자들이다. 여기서 꾸며낸 연극을 공연한다. 이런 건 당파적 저널리즘일 뿐이다. 프로그램을 통해 대중과 담론을 나눠야 할 책임이 있는데도 처참히 실패하고 말았다. 이 프로그램은 정치가에게서 마케팅과 전략의 가면을 벗겨내고 그의 본모습을 보여줄 좋은 기회가 있지 않은가.

오늘날 20~30대에게 정직하고 서글서글한 인물로 평가받는 스튜어트는 흥미 위주의 보도가 판을 치는 언론계에서 서서히 정당한 정치적 힘을 확보하면서 기존 정치와 언론에 물릴 대로 물린 수백만 미국인의 지지를 받고 있다. 〈크로스파이어〉에서 보여준 그의 행동은 지지자들의 갈채를 받았다. 이런 반응은 대중이 자기가 뽑은 정치가나 이런 정치가에게 화려한 수사적 문장이 가득한 연설문을 쥐어주는 이들 때문에 상징적인 정치권을 박탈당하는 데 신물이 났다는 것을 보여준 것이다.

스튜어트의 프로그램을 지켜보는 시청자들 눈에 적어도 그는 이 나라에서 벌어지는 정치적 논쟁을 최대한 정직하게 이끌어나감으로써 미국인의 충성심을 존중하려 애쓰는 몇 안 되는 사람으로 보였다. 정치가들과 달리 어쨌든 그는 노력이라도 하지 않는가. 그리고 스튜어트는 아마 코미디언들에 대한 기대를 낮추고 정부를 꾸려나가는 이들에 대한 기대를 높여야 한다고 말할 것이다.

당파적 충성은 정상 상태의 경계선을 모호하게 만든다. 당파 정치가들은 자신에게 이로운 성공을 거두기 위해서는 무슨 일이든 다 한다는 것을 알고 있다. 심지어 책임을 회피하거나 반대파를 비열한 존재로 묘사하기 위해 현실에 대한 허구성 짙은 이야기를 꾸며내기까지 한다. 뻔히 보이는 이런 행동은 악의 경계를 넘어선 행동이 분명하다. 킨슬리의 말처럼 사람들이 무엇을 원하는지는 분명하다.

"그들은 당파적 분쟁이 끝나기를 바란다. 이데올로기를 바탕으로 한 가식적인 태도가 아니라 실용적인 해결책을 원한다. 평소와 같은 정치 행태를 거부하고 정당보다는 국가 이익을 우선시하는 지도자를 원한다. 그들은 '혁신적'이든 '보수적'이든 관계없이 옳은 일을 하는 정부를 원한다. 그들은 꼬리표를 좋아하지 않는다. 그리고 이제 정보 조작에는 신물이 났다."

족벌주의로 인한 충성

'유유상종(Birds of a feather flock together)'이라는 말이 있다. 인류의 역사만큼이나 오래된 개념을 요약한 흔히 쓰이는 이 표현의 어원은 16세기로 거슬러 올라간다. 우리는 우리와 성향이 비슷한 기업을 좋아한다. 자기와 비슷한 이들에게 둘러싸여 지내는 것을 좋아하는 것은 문화유산의 기능일 뿐만 아니라 업무 중에 만나는 진화론적 요소의 기능이기도 하다. 연구원들은 "자신과 비슷한 사람들을 찾고자 하는 경향에는 유전적 요소가 상당히 개입되어 있다"라는 것을 알아냈다.

　인류라는 종의 생존을 보장해주는 이런 문화적·진화론적 경향 때문에 불행한 결과가 따르곤 한다. 역사적으로 인간은 서로 구별되거나 공통점이 충분하지 않다고 생각될 경우 상대를 정복하기 위해 자기들 사이의 차이를 심화하려는 강한 경향을 드러냈다. 인류가 건설한 위대한 문명 가운데 상당수는 자기들과 아주 다르다는 이유 하나로 정복해 노예로 삼은 노동자들이 건설했다. 합법적 노예제도라는 죄악은 고맙게도 국제법 위반으로 간주된다(실제 사례와 관련해서는 여전히 논쟁의 여지가 있지만). 또 편견과 차별을 근절하기까지 아직 갈 길이 멀지만 우리를 서로 갈라놓는 것보다는 하나로 결합하는 것이 훨씬 많다는 인식이 예전보다 많아졌다.

　그러나 이 부분에서 상당히 진보했는데도 우리는 여전히 자신과 관심사와 배경이 비슷한 사람들을 주위에 둘 확률이 훨씬 높다. 이런 점에서 우리는 차별한다고 할 수 있다. 또 배우자를 선택할 때는 후보자를 여럿 놓고 자기가 원하는 만큼 얼마든지 차별하는 것이 허용된다. 그것이 정치적으로 공정한 일이든 아니든 간에 "나는 흰색/검은색 피부와 금발/검은 머리/붉은 머리 그리고 갈색/푸른색/녹색 눈동자에 끌린다"라는 취지의 말을 한다고 해서 누군가를 화나게 하지는 않는다.

그런데 모든 사람을 동등하게 대해야 한다는 최우선적인 요구 때문에 자신과 비슷한 사람들끼리 편안하게 어울리고 싶다는 타고난 성향이 방해를 받는다면 문제가 생긴다.

우리 삶에서 충성의 역할에도 이와 동일한 전제가 적용된다. 우리는 관심사나 배경이 비슷한 사람들(예를 들어 우리 같은 사람들)에게 충성을 드러내는 경우가 많다. 그렇기 때문에 우리에게 충성을 증명한 이들만 곁에 두려는 경향은 특정 상황에서 어두운 일면을 지닌 충성으로 발전할 여지가 있다.

어두운 일면을 지닌 충성이 실생활에서 정치사에 나타나는 족벌주의의 사례보다 더 심각하게 또는 더 자주 드러나는 경우는 드물다. 유형에 관계없이 어느 정부든지 그 역사를 살펴보면 국민이 선출한 지도자가 정부 요직에 사람을 임명할 때 그 자리에 주어진 책임을 잘 수행할 능력이 있는지 여부는 고려하지 않고 예전에 자신에게 개인적 또는 직업적으로 확실히 충성을 맹세한 이들에게 자리를 맡기는 경우가 수도 없이 많았다. 이것이 바로 족벌주의의 일면이다.

족벌주의의 두 번째 요소는 지도자를 떠받들 조연이 임명되면 그 자리에 오를 수 있는 다른 후보자들의 정당한 경쟁을 방해한다는 것이다. 이는 족벌주의에서 충성의 부도덕한 일면이다. 펜실베이니아대학교에 있는 아넨버그 공공정책 센터(Annenberg Public Policy Center) 부책임자로 일한 폴 월드먼(Paul Waldman)은 이렇게 논평했다. "어떤 대상(정부 지도자)에 대한 변함없는 충성이 충성의 한 가지 위험성을 증명하는 경우도 있다. 충성 대상이 고결하지 않으면 그에게 충성을 바치는 이들도 부득이하게 타락하게 된다."

역사적으로 찬사를 많이 받는 정치 지도자들조차 족벌주의에 무릎을 꿇었다. 역대 미국 대통령들 가운데 대통령직을 두 번 이상 역임한 유일한 인물인 프랭클린 델라노 루스벨트(Franklin Delano Roosevelt)는 자격이 의심스러운 인물들을 그 충성심만 보고 정부 관직에 앉혔다는 비난을 받았다.

정치적 족벌주의 때문에 끔찍한 상황이 벌어질 수 있는데 실제로 그런 사례가 있다. 마이클 브라운(Michael Brown, 허리케인 카트리나가 미국 남부를 강타하던 무렵 연방재난관리청(FEMA) 국장 자리에 있던 인물, 그는 오랜 친구이자 당시 FEMA 국장이던 조 알보우(Joe Allbaugh)의 손에 FEMA 총괄 법률 고문으로 임명되었다가 나중에 FEMA 국장직을 맡았다)의 요직 임명이 그 좋은 예다. 자격이 없는 사람을 중요한 자리에 앉히는 것은 분명 공공의 이익에 부합하지 않는 일이며 유권자들의 성실한 마음을 배반하는 일이기도 하다.

족벌주의는 또한 지도자에 대한 맹목적인 복종을 바탕으로 충성에 대한 비뚤어진 시각을 가지고 있음을 나타낸다. 그러나 조지

W. 부시 대통령의 첫 번째 재무장관이던 폴 오닐(Paul O'Neill)은 사임한 뒤 이렇게 말했다. "어떤 사람이나 그가 하는 모든 말과 행동에 대한 충성은 그릇된 유형의 충성이다. 이것은 철저한 조사를 기반으로 자신의 진정한 생각과 느낌 그리고 그들이 듣고 싶어 하는 얘기가 아닌 진실에 가장 가까운 이야기를 할 수 있는 진정한 충성과 상반된다." 그리고 자기가 맡은 직위의 목적보다 복종을 우선시한다면 그것은 진짜 죄악이다.

정치적 족벌주의가 저지르는 잘못에는 임명된 직위의 업무 범위를 넘어 정부 계약을 부정하게(또는 부정에 가까운 수단으로) 할당하는 일도 포함된다. 자기가 총애하는 충성스러운 이들에게 정부 사업을 나눠주는 선까지 족벌주의가 확대되면 매우 비참한 결과를 초래할 수 있다. 한 언론의 보도처럼 "족벌주의는 공공 비용을 이용해 소수의 특권층에게 엄청나게 많은 이익을 안겨줄 뿐만 아니라 높은 자리에 있는 사람과 연고가 없는 많은 기업들의 투자를 위축시키기까지 한다. 이 때문에 경제 성장이 느려지고 정부 세입이나 일자리도 줄어든다. (게다가) 떳떳하지 못한 거래에 대한 추문 때문에 정권이 약해지고 지도자들은 직위를 박탈당할 수도 있다."

족벌주의 문제는 일상적인 업무 환경과도 관련이 있다. 누구나 한 번쯤 직장에서 편애를 목격한 적이 있을 것이다. 직원의 충성은 확실히 회사에 도움이 되지만 능력이 아닌 개인적인 관계를 바탕으로 한 특정한 부하직원에 대한 상사의 편애는 그렇지 않다. 개인의 충성과 교환한 편애는 마음을 좀먹고 그 영향이 오래도록 미치는 독약이 될 수 있다. 그런데도 이런 일들이 비일비재하다. 유명한 영화감독 새뮤얼 골드윈(Samuel Goldwyn)은 예전에 "100퍼센트 충성을 얻으면 능률은 50퍼센트로 떨어진다"라고 말한 적이 있다. 안타깝게도 어떤 조직은 능률의 50퍼센트를 대가로 치르고 있는 듯하다.

족벌주의에 감염된 조직은 능력 위주의 사회와 정반대로 가기 때문에 기업의 조직적 성과가 위기에 처한다. 공적과 보상의 상관관계가 사라지면 직원들은 업무 성과를 개선할 동기를 잃어버린다. 그리고 능력이 없어도 회사에서 성공할 수 있다면 굳이 능력을 키우려 애쓸 필요가 없기 때문에 회사가 손해를 입게 된다. 그 결과 족벌주의가 만연한 조직은 극심한 경쟁 환경의 요구에 맞설 실력이 사라진다.

족벌주의의 사례는 충성이 휘두르는 무시무시한 힘을 일깨워주기 때문에 우리를 주저하게 만든다. 많은 리더들은 자기가 아는 정보가 조직(또는 국가)에 최고의 이익을 안겨줄 수 있다는 사실을 뻔히 알면서도 자기와 같은 부류의 사람들을 곁에 두기 위해 일부러 그것을 무시했다.

그렇다면 자신을 고용한 이들에게 충성심을 전혀 느끼지 않는 공무원들로 정부를 채우고 그런 직원들로 회사를 채우는 것이 옳을까? 이건 터무니없는 생각이다. 그러나 조직 또는 사회 전체에 해를 끼치지 않고도 충성이 사회 시설의 정의보다 우위에 설 수 있는 방법은 없다.

부정적인 영향을 미치는 관계에 대한 충성

사실 친구들은 불행을 좋아한다. 특히 우리가 지나치게 운이 좋거나, 대단한 성공을 거뒀거나, 아주 예쁘게 생겼을 경우 친구들 마음에 들 유일한 방법은 불행에 빠지는 것뿐이다.

– 에리카 종(Erica Jong), 미국의 작가

친구는 우리의 지평을 넓혀준다. 그들은 우리가 동일시할 수 있는 새로운 귀감이기도 하다. 그들은 우리가 본연의 모습을 지킬 수 있게 해주고 있는 그대로 우리를 받아들인다. 그들은 우리가 꽤 괜찮다고 생각하고 또 우리는 그들에게 중요한 존재이기 때문에 자부심이 높아지기도 한다. 그리고 그들 또한 이유나 강도는 달라도 우리에게 중요한 존재이므로 우리의 정서적 삶의 질을 높여준다.

– 주디스 바이올스트(Judith Viorst), 미국의 작가

내 인생에 속한 사람들의 면면을 살펴볼 때 앞서 나온 두 구절 가운데 내 주변 사람들을 가장 잘 설명한 것은 어느 쪽인가? 부디 바라건대 우리 모두 자신의 기를 북돋아주고 최대한 훌륭한 인물, 자기 본연의 모습을 그대로 간직한 인물이 되도록 도와주는 이들과 우정을 나누면 좋겠다. 하지만 영혼을 잠식당하는 경험을 하게 만드는 관계를 맺고 있을 수도 있다.

터키 속담에는 "좋은 친구는 나를 '장관(왕 다음으로 높은 자리)'으로 만들 수도 있고 치욕거리로 만들 수도 있다"라는 것이 있다. 우리 인생은 누구와 친구가 될지 정할 때 신중해야 한다고 가르친다. 또 함께 시간을 보내는 이들은 현재 그리고 미래에 우리가 우리 자신을 바라보는 시각에 큰 영향을 미칠 수 있다는 것도 가르쳐준다. 이런 중요한 사실을 진지하게 숙고하는 데는 거의 힘을 쏟지 않다니 정말 이상한 일이다. 하던 일을 멈추고 다음과 같은 문제를 생각하는 일이 얼마나 자주 있는가?

- 내가 대화를 가장 많이 나누는 사람은 누구인가?
- 내 생각에 가장 크게 영향을 미치는 사람은 누구인가?
- 나는 이 사람들을 닮고 싶은가?
- 부정적인 영향을 미치는 사람은 누구인가?
- 긍정적인 영향을 미치는 사람은 누구인가?

우리에게는 대부분 함께 시간을 보낼 상대를 선택할 기회가 있다. 그리고 부정적인 사람은 부정적인 영향을, 긍정적인 사람은 긍정적인 영향을 미친다. 특정 인물과 인연을 완전히 끊으라는 얘기를 하려는 것이 아니다. 하지만 무엇보다 자신의 생존이 우선이라는 말을 하고 싶다.

동기 부여 연사인 스티브 파블리나(Steve Pavlina)는 이 문제를 이렇게 요약했다. "신의는 어떠한가? 여러분은 친구들에게 항상 신의를 지키지 않는가? 친한 친구가 생기면 비록 그들이 여러분에게 다소 유해한 영향을 미친다 하더라도 계속 그들과 어울리지 않겠는가? …… [답변] 친구에게 신의를 지킨다는 것은 때로 그의 행동이나 태도를 눈감아줘야 한다는 의미이기도 하다. 또 그들의 최고 최선의 모습에도 신의를 지켜야 한다……. 때로 진정한 신의는 해로운 관계를 끊고 안정된 자리로 돌아온 뒤 친구들을 돕기 위해 내가 진짜 할 수 있는 일이 무엇인지 결정하라고 요구한다(그러기 위해서는 친구들이 처절하게 실패하도록 놔둬야 할 필요도 있다)."

프랭크 시나트라(Frank Sinatra)도 함께 어울려 다니던 새미 데이비스 주니어(Sammy Davis Jr.)와 우정을 지키고 어쩌면 그의 목숨까지 구하기 위해 이 전략을 이용했다. 데이비스의 약물 복용을 더 참을 수 없던 시나트라는 위험에 처한 친구에 대한 진정한 의리와 사랑 때문에 행동을 취하게 되었다.

"이봐." 시나트라가 말했다. "하느님이 자네를 이곳에 보낸 것은 자네나 내가 모르는 여러 가지 이유 때문이야. 하느님은 자네에게 놀라운 재능을 주셨는데 자네는 지금 그걸 헛되이 쓰고 있어. 그리고 나는 친구가 쓰러지는 모습을 지켜보고 있지. 난 자네가 아무것도 아니었을 때도 자네를 사랑했어. 그리고 다시 그런 존재로 돌아간다 해도 계속 자네를 사랑할 거야. 하지만 자네는 지금 자신을 속이고 있네. 또 친구를 속이고 대중까지 속이고 있어. 자네가 그런 행동을 계속하는 한 난 자네 곁에 있고 싶지 않아." …… 새미는 프랭크의 메시지를 알아들었다. 그는 약을 끊겠다고 약속했고 그 약속을 지켰다(게리 피시걸(Gary Fishgall), 《멋진 일을 할 거야(Gonna Do Great Things: The Life of Sammy Davis Jr.)》, 뉴욕: 리사 드류 북/스크리브너, 2003, p. 312).

관계에 대한 충성이 여러분에게 부정적인 영향을 미친다면 그것은 유해한 관계다. 회복될 가능성이 있을지도 모르지만 지금과 같은 형식으로 지속되다가는 결국 여러분에게 해를 입히게 될 것이다.

계산된 충성

　때로는 간단한 경제적 계산으로 충성 여부가 결정되기도 한다. 특정 인물이나 집단에게 신의를 지키지 않을 경우 입게 될 손해를 생각하면 명백한 가치를 기준으로 충성을 택하게 된다. 계산적 충성은 위기(실제 위기든 상상 속의 위기든)와 맞서 싸워야 하는 필요성에 따라 생겨나거나 충성 대상을 바꿀 경우 개인적인 희생을 감수해야 하기 때문에 유지되는 충성을 말한다.

　계산적 충성은 대개 공동의 적에 대항해 입지를 강화하고자 하는 두 집단의 욕구에 맞춰 추진된 정략결혼과도 같다. 역사(고대와 현대)에는 이런 충성을 보여주는 사례가 가득하다. 5세기에 훈족 아틸라(Attila)는 약탈품을 함께 나눈다는 공동의 목표 아래 움직이는 광포한 군대를 창설했다. 그로부터 16세기가 지난 뒤 아프가니스탄의 호전적인 군벌들은 반대파의 세력과 경제적인 보상에 따라 충성 대상을 바꾼다는 악명이 드높았다. 미국은 탈레반(Taliban)을 타도할 때 이들의 이런 태도를 자신들에게 유리하게 이용했다.

　미국 독립전쟁은 이런 계산적인 충성을 이용해 승리를 거둔 사례다. 독립을 원하던 식민지는 영국의 또 다른 적인 프랑스의 충성과 도움을 확보했다. 사실 프랑스의 도움이 없었다면 미국 군대는 전투에서 패배하고 헌법 제정자들(조지 워싱턴(George Washington), 벤저민 프랭클린(Benjamin Franklin), 토머스 제퍼슨(Thomas Jefferson) 등)은 틀림없이 반역죄로 체포되어 처형되었을 것이다. 따라서 미국이 프랑스에 진 빚이 매우 많았는데 특히 이 전쟁에 자금을 대느라 프랑스 국고가 고갈되었다.

그러나 미국 독립전쟁이 증명하듯이 공동의 적에 대항하기 위한 계산된 충성은 그런 관계가 지닌 얄팍한 속성 때문에 문제가 발생한다. 독립전쟁의 목표가 달성되자 상호 신뢰를 바탕으로 얻을 수 있는 유형의 혜택이 사라졌다. 계산된 충성이 유형의 가치를 기반으로 한다는 점을 생각하면 당사자들은 각자에게 가장 이익이 되는 방향을 찾게 마련이다. 프랑스인은 어려운 방법으로 이것을 찾았다.

미국 식민지는 프랑스를 토론에서 완전히 배제하고 영국과 직접 협상을 벌였다. 벤저민 프랭클린은 이것이 이런 문제에 경험이 없었기 때문에 저지른 실수이고 영국은 프랑스와 새로 건국된 미국 사이에 개입하지 않을 것이라고 약삭빠르게 프랑스를 설득했다. 프랭클린은 여기서 한 걸음 더 나아가 프랑스가 자신의 새로운 조국에 추가 자금을 지원하도록 설득했다. 미국이 얻는 이익을 극대화했다는 점에서 볼 때 프랭클린의 계산된 충성은 최고 수준에 도달했다고 할 수 있다.

계산된 충성이 미국이라는 새로운 나라에 커다란 이익을 안겨준(그리고 프랑스 왕정에는 엄청난 경제적 손해를 끼친) 것은 사실이지만 계산된 충성이 뜻하지 않게 부정적인 결과를 낳는 일도 종종 있다. 한 예로 미국이 아프가니스탄에서 소련과 맞서 싸우기 위해 무자헤딘(Mujahedeen)을 무장시킨 것은 계산된 충성의 잠재적 위험을 증명하는 일이다. 소련이 결국 군대를 철수하자 아프가니스탄과 미국 사이의 신뢰도 필요 없어졌다. 그 결과 탈레반과 오사마 빈 라덴(Osama bin Laden)이 출현했다.

물론 우리가 살면서 경험하는 계산된 충성은 대부분 역사적인 중요성을 띠지 않는다. 그러나 개인적으로는 상당히 중요한 경우가 많다. 자신을 팔아넘기지 않고 목표를 달성하는 것은 어려운 일이다.

"네가 내 가려운 곳을 긁어주면 나도 네 가려운 곳을 긁어주겠다"라는 식의 충성이 원래 그렇게 나쁜 것은 아니다. 사실 국제 외교는 상호 호혜 개념에 크게 의존한다. 그러나 이런 식의 충성 관계를 발전시키는 데는 위험이 따른다는 것도 인정해야 한다. 이 충성 등식의 값이 어떻게 변할지, 그리고 충성 자체가 어떻게 바뀔지 예상해놓지 않는다면 이런 관계를 촉진하는 데 들어가는 진짜 비용을 과소평가하는 위험에 빠지게 된다. 그리고 이런 위험 때문에 그 관계가 얼마나 유해했는지 뒤늦게 깨닫게 된다.

체제의 권위에 대한 맹목적인 충성

유해한 충성의 함정에 빠지는 것을 피하려면 충성의 건전한 한계와 충성이 불쾌한 관계로 바뀌어 우리 자신의 인간적 약점을 이용해 우리를 위협하게 되는 선을 확실히 구별해야 한다. 우리는 대개 옳고 그름, 선과 악의 차이를 확실하게 구별할 수 있다. 이것은 주로 사회화 과정 덕분인데, 이 과정에서 우리는 견제와 균형의 체계라는 우리 사회가 안겨주는 축복을 경험하게 된다. 이 체계를 자기 내면에 있는 도덕적 나침반의 기본 토대로 삼아 의지할 수 있기 때문이다.

이것은 혼란스러운 상황에서도 동요하지 않도록 도와준다. 실망스러운 행동이 나타나면 우리는 대개 성문법에 의지해 결정을 내린다. 확실히 '하위' 법이 융통성을 발휘하는 경우도 있지만 그런 융통성에도 한계가 있다. 제한 속도보다 2킬로미터쯤 빨리 달린다고 질색하는 사람은 별로 없지만 40킬로미터나 더 빨리 달리는 것은 경계해야 한다(반드시 그래야만 한다). 이는 우리를 안전하게 지켜주며 순조롭게 보호받는 삶으로 이끌어주는 체계에 의지하면서 살아가기 때문이다.

오늘날 우리는 히틀러가 역사에 미친 혐오스러운 충격을 생각하는 것만으로도 진저리를 친다. 그리고 어떤 마법의 힘으로 1940

년대 초반의 독일군 장교 몸속으로 들어가는 일이 생기더라도 자기는 나치 독일에 저항할 것이라고 확신하며 집단적 양심을 달랜다. 우리는 그들을 방해하고, 그에 맞서 개혁 운동을 일으킬 것이며, 히틀러가 품은 진짜 의도에 대해 사람들에게 경고할 것이다. 그들에게 맞서는 것이 아무리 힘들지라도 그 목적을 이루기 위해 노력할 것이다. 악한 세력에 대한 비열한 충성심 때문에 닳고 닳은 행동을 하는 모습은 결코 상상할 수 없다. 그러나 인간의 행동에 대한 연구에서 얻은 통찰력이 사실이라면 이런 것은 희망 사항에 지나지 않는다.

리더 자리에 있는 누군가가 명령을 내렸을 때 타인에게 이루 말할 수 없이 잔인한 행동을 자진해서 할 수 있는 사람들의 의지와 관련해 사회 심리학자 스탠리 밀그램(Stanley Milgram)이 실시한 실험은 아주 유명하다. 밀그램은 1961~1962년에 예일대학교에서 학습 능력의 효과를 시험한다는 핑계로 실험 참가자들이 다른 사람에게 전기 충격을 가하게 했다. 하지만 이 핑계는 거짓이었다. 사실 밀그램은 권위 있는 누군가에게서 그렇게 하라는 말을 들었을 때 자진해서 다른 사람에게 고통을 가할 수 있는 인간의 의지를 연구한 것이다. 다행히 진짜 전기 충격을 받은 사람은 아무도 없었다. 그 대신 배우들이 실감나게 자기 역할을 수행했다.

실험 참가자들은 응답자가 질문에 답을 잘못 말하면 눈에 보이지 않는 응답자에게 전기 충격을 가하라는 지시를 받았다. 연속해서 잘못된 답을 말할 때마다 전압을 점점 높였고, 이것은 전압이 치명적인 수준에 다다를 때까지 계속되었다. 밀그램이 실험에 참가하지 않은 다른 이들에게 설문조사를 했을 때 타인이 목숨을 잃을 수도 있는 정도의 전기 충격을 가할 것이라고 답한 사람은 4퍼센트에 불과했다. 하지만 실제 실험 결과는 매우 달랐다. 자비를 베풀어 달라는 상대방의 처절한 애원에도 실험 참가자 가운데 약 65퍼센트가 상대방에게 치명적인 전기 충격을 가한 것이다.

오늘날 다시 이 실험을 실시한다면 다른 결과가 나올까? 밀그램의 실험을 따라하려고 시도한 다른 연구원들이 제시한 증거를 바탕으로 판단할 때 그 답은 '절대 아니다' 라고 나올 듯하다. 토머스 블래스(Thomas Blass)는 밀그램의 실험과 1961년부터 1985년까지 25년 동안 진행된 그 실험의 복제판들을 검토한 결과 연구를 실시한 연도와 참가자들이 보여준 '복종' 수준 사이에 아무런 연관 관계가 없다는 사실을 알아냈다. 그리고 남녀 모두 똑같이 남에게 해를 가할 수 있었다.

슬프게도 밀그램의 실험 참가자들이 대부분 다른 사람의 목숨을 앗을 수도 있는 심각한 위해를 가하라는 지시를 받았을 때 진짜 불안감을 느꼈다는 사실은 사회과학과 자연과학 분야 양쪽에 윤리적인 논쟁을 촉발했다. 그리고 비록 실험의 윤리성에는 의문의 여지가 있을지 몰라도 그 결과는 그렇지 않았다. 실험 참가자들은 불안감을 느꼈지만 어쨌든 버튼을 눌렀다. 체제의 권위에 대한 그들의 맹목적 충성이 개인적이고 도덕적인 거부감을 억누른 것이다.

우리도 물론 어떤 사회(그리고 안타까운 일이지만 어떤 관계)에서는 남들과 다른 윤리적 신념을 가지고 있더라도 전체 의사에 따르지 않을 경우 가해지는 위험이 매우 가혹하거나 위험하기까지 하다는 사실을 잘 안다. 이런 상황에 처한 사람들이 압제자의 요구에 따르기를 거부했다는 이유로 벌을 받는 모습을 보면 마음이 아프다. 우리는 이런 위험에 처한 이들이 생존을 선택할 권리가 없다고 주장할 만큼 오만하지 않다. 따라서 강압에 따른 복종과 충성심에서 우러난 복종을 잘 구별해야 한다.

고귀한 충성

충성은 끔찍한 존재가 될 수 있는 힘과 최고의 존재가 될 수 있는 힘을 모두 가지고 있다. 따라서 우리는 치명적인 충성과 '고귀한' 충성을 구분할 필요가 있다. 고귀한 충성은 컬럼비아대학교 법학과 조지 P. 플레처 교수가 '공명정대한 정의'와 '합리적인 담론'에 대한 욕구라고 하는 것과 공존하는 '균형 잡힌' 충성이다. 플레처는 충성에 대한 요구를 주제로 쓴 자신의 에세이에서 다음과 같이 간청하며 끝을 맺었다.

우리 시대가 해결해야 할 문제는 특정 상황에 필요한 공명정대한 정의와 헌신, 모든 상황에 필요한 합리적 담론에 대한 요구로 배타주의자들의 편향된 충성을 통합하는 것이다. 나는 이렇게 충성을 간구하는 것처럼 지금 이 논의나 다른 모든 논의를 가치 있게 만드는 상호 존중과 이성적 담론의 능력을 한층 더 강력하게 간구한다. 개인의 충성에 근거해 받아들여지거나 거부당하는 주장은 아무 의미가 없다.

고귀한 충성과 유해한 충성의 차이는 질병을 치료하기 위해 처방된 약물을 때맞춰 복용하는 것과 약물중독자가 자신의 육체적·정신적 건강에 해를 미치면서까지 현실에서 일시적으로 탈출하기 위해 마약에 의존하는 것이 서로 대조되는 것만큼이나 적나라하다.

인류가 저지른 엄청난 죄 가운데 일부는 충성이라는 가면을 쓰거나 그 개념을 악용한 것이다. 다양한 종류의 유해한 충성이 우리 사회 내부에 깊숙이 스며들어 사람들이 가장 신뢰하는 제도 가운데 일부의 토대를 좀먹고 있다. 다른 사람들의 충성을 강력하게 요구하거나 나쁜 의도로 타인에게 충성을 바치는 이들은 충성이 수행하는 중요한 역할을 적극적으로 오염시킨다. 충성은 친구, 연인, 가족, 공동체, 국가 그리고 신과 유대감을 나누고자 하는 인간의 선천적인 야망에서 힘을 얻는다.

그러나 유해한 충성은 사회를 오염시키므로 어떤 대상에 무조건적으로 충성을 바쳐서는 안 된다는 사실을 알아야 한다. 우리의 충성을 받을 만한 자격이 있는 대상에게 올바른 신뢰와 충성을 바칠 때에만 그 충성은 아름답다. 그러나 건전한 충성과 해가 되는 충성 사이에 선을 확실히 그어야 한다.

유해한 충성의 예가 파시즘에 대항해 싸운 투쟁처럼 솔직하게 드러나는 경우는 드물다. 밀그램의 실험에서처럼 우리가 고수하는 체제의 본질로까지 연결되는 행동과 그 본질을 배반하는 행동 사이의 어디쯤에 선을 그어야 할지 파악하기가 대부분 상당히 어렵다. 이것은 자신의 도덕적 나침반을 절대 무시해서는 안 된다는 고귀한 충성의 가장 중요한 규칙으로 이어진다.

그런데 똑같은 도덕의 목소리가 들려와도 어떤 이들은 그것에 귀 기울이지 않는다는 사실을 인정해야 한다. 사회학자 아미타이 에치오니(Amitai Etzioni)는 이렇게 말했다.

폐쇄된 사회에 살면서 장기간에 걸쳐 광범위한 종교적 또는 정치적 세뇌를 받은 이들은 자명한 진실로 제시된 똑같은 도덕의 목소리에 귀 기울이지 않을 수도 있다. 그러나 이런 사회가 개방되거나 사회의 고립된 부분에 머물던 이들이 자유로운 대화를 접하게 되면 이들도 우리와 똑같이 제한된 도덕적 주장을 듣게 될 것이다. 대화조차 자유롭게 할 수 없는 사회에 가보면 그곳 사람들은 강요된 종교나 문화적 전통을 통해 이미 어떤 사상을 주입받은 상태이기 때문에 내가 말하는 진실에 귀 기울이려 하지 않는다. 그러나 그들이 사는 사회가 개방되어 일정 기간 충분히 대화를 나눌 수 있다면 그들도 서서히 진실 쪽으로 마음이 끌리게 된다.

서구 사회에 사는 사람들은 대부분 폐쇄된 사회에서 살지 않는다. 따라서 이상적인 형식에 집착할지 아니면 정신에 집착할지 선택해야 하는 상황이 오면 후자를 택할 수 있도록 노력해야 한다. 예를 들어 자기에게 내려진 명령이 불법적이거나 부도덕한 것이 분명하다고 생각해 불복종을 택한 군인은 체제의 규칙을 글자 그대로 적용한 것이 아니라 자기가 지키겠다고 맹세한 체제의 정신에 충의를 지킨 것이다. 이 때문에 체포될 위험에 처한 그 군인의 행동이 어찌됐든 '옳았다'고 말하는 것이 아니다. 이것은 상황적 판단이며 여기에는 어느 경우에나 적용 가능한 확실한 '옳고 그름'이란 것이 없다(군대의 경우에는 특히 더하다). 여러분의 나침반이 항상 완벽하게 작동할 것이라고는 말할 수 없지만 적어도 여러분의 양심이 받아들일 수 있는 선택을 하게 될 것이다.

이 책을 읽는 여러분은 대부분 자유의 축복을 누리고 있겠지만 이 축복에는 진정한 책임이 따른다. 얻는 것이 많으면 주는 것도 많아야 하는 법이다. 사람들은 누구나 자신의 사회적 역할에 맞추기 위해, 친구를 만들거나 계속 사귀기 위해, 또 리더 자리에 있는 누군가를 기쁘게 하기 위해 때로는 꺼림칙한 일도 해야 한다는 압박을 받고 있다. 이런 상황에서는 우리의 도덕적 나침반이 다른 무엇보다 우선시되어야 하며, 주어진 상황에서 허용 가능한 한계가 어디인지를 이 나침반이 가리킬 수 있어야 한다.

이런 상황에 순응하지 않는 쪽을 택하는 이들이 도덕적으로 우월하다는 의미는 아니다. 예컨대 특정 종교의 행동 강령을 고수하는 것은 그 사람의 권리이므로 존중해야 하지만, 이런 존중에 다른 종교를 믿는 사람들이 도덕적으로 열등하다는 의미가 내포되어 있는 것은 결코 아니다. 명령에 불복종한 군인과 마찬가지로 자신의 도덕적 나침반에 귀 기울이는 사람은 자신의 행동에 전적으로 책임져야 한다.

자기 결정은 결국 자기가 책임져야 한다는 사실을 생각하면 올바로 결정하기 위해 노력할 수밖에 없다. 그러나 고귀한 충성은 하나의 개념이지 방정식이 아니다. 그리고 내면의 나침반을 따라가다 보면 원래의 의도는 고귀했더라도 때로 길을 잃고 의도하지 않게 유해한 충성의 길로 접어들게 되는 경우도 있다. 상충되는 충성 가운데 하나를 선택해야 하는 상황에서 잘못 선택할 경우 유해한 충성으로 발전하는 것이 가장 흔한 예다.

예를 들어, 남북전쟁 당시 남부군 지휘관으로 활약한 로버트 E. 리(Robert E. Lee) 장군은 사실 미연방을 지지하던 인물이다. 1861년에 리는 고향인 버지니아 주가 연방에서 탈퇴하는 것을 반대했다. 게다가 한때 자신도 노예 소유주이기는 했지만 노예제도가 죄악이라는 사실을 겉으로는 인정했다. 아내에게 보낸 편지에 이렇게 적었던 것이다. "이런 문명화된 시대에는 확실하게 믿을 수 있는 것이 별로 없지만 노예제도는 어느 나라에서나 도덕적·정치적 죄악이라는 사실에 동의하오."

리는 이런 생각을 품고 있었지만 고향 버지니아 주가 투표로 연방 탈퇴를 결정하자 합중국 군대를 지휘해달라는 에이브러햄 링컨(Abraham Lincoln)의 제의를 거절하고 '지기들(친구와 가족)' 편에 서기로 결심했다. 게다가 버지니아 주의 모든 군대를 지휘해달라는 요청까지 받아들여 결국 남부 연합의 전군을 통솔하는 최고사령관이 되었다.

많은 이들이 리를 고결하고 용맹하다고 여기기는 했지만 그가 전투에서 승리할 경우 노예제가 여전히 합법인 지구상에 몇 안 되는 국가 가운데 하나에서 노예제를 영속하고자 하는 목적을 위해 싸웠다는 사실을 무시할 수는 없다. 남부 연합이 패배한 뒤 리는 계속 싸워달라는 요청을 거절하기 위해 이런 글을 썼다. "저는 노예제를 영속하기 위한 전쟁에 참여하는 것보다 노예제가 폐지된 것이 더 기쁩니다."

남북전쟁은 리가 어느 쪽을 선택하든 상관없이 발발했겠지만 그래도 리의 선택은 비극적이었다. 사랑하는 버지니아 주에 대한 리의 충성에 공감할 수도 있고 또 연방 탈퇴의 합법적 근거가 된 '주의 권리' 라는 문제를 놓고 논쟁을 벌일 수도 있다. 그러나 남부 연합이 승리를 거뒀더라면 그 뒤로도 오랫동안 노예제도가 존속했을 것이 틀림없다. 필자들 가운데 한 사람은 자신이 물려받은 남부의 전통에 자부심을 느끼지만 그래도 "나는 남부가 전쟁에서 진 것이 기쁘다. 농담이 아니라 정말이다(그의 독일인 친구가 그런 것처럼)"라고 단호하게 말했다.

리의 충성이 잘못된 것이었다는 증거는 그 자신이 노예제는 '도덕적 · 정치적 죄악' 이라고 인정한 데서도 잘 드러나지만 그래도 그는 자기 '지기들' 을 택했다. 하지만 명백한 죄악의 확산을 최우선적인 성과로 내세우는 대의에 충성을 바친 것은 어떤 식으로 은폐하려 해도 분명 악에 대한 충성이다. 우리가 리를 존경하는 것은 그가 남부 연합군을 이끌었기 때문이 아니라 전쟁이 끝난 뒤 후회하면서 미국의 상처를 치유하려고 노력했기 때문이다.

리와 마찬가지로 우리도 친구, 가족, 연인, 조국, 신에 대한 충성이 서로 겹치는 세상에서 살고 있다. 플레처는 추상적인 충성이 실체가 확실한 충성과 맞서 싸울 때 추상적인 충성이 선택될 확률은 낮다고 말한다. 한 예로 가족에 대한 충성이 사회에 대한 충성을 대체하는 경우가 많다.

부모로서는 어떤 사람이 사회에 얼마나 크게 공헌했던 간에 그의 목숨보다는 자기 아이의 목숨을 구하려 할 것이다. 이러한 태도는 물론 이해할 수 있다. 그러나 아무리 부모라 하더라도 우리가 일반적으로 부모로서 용인 가능하다고 생각하는 태도에도 명확한 한계가 있다. 우리는 다른 사람에게 폭력을 휘두른 자녀를 둔 부모에게 동정심을 느끼기는 하지만 부모가 자신이 저지른 죄의 결과를 책임지도록 아이를 당국에 넘기는 경우에도 그 마음을 이해한다. 사실 우리는 부모가 느낄 고통에 공감하면서도 그들이 그렇게 선택하기를 기대한다.

그렇다면 왜 이런 이중 잣대를 들이대는 것일까? 왜 어떤 경우에는 자기 아이를 보호하면서 다른 경우에는 그렇지 않은가? 정치 철학자들은 이 두 가지 경우는 정의 구현에 대한 요구가 다르다는 점에서 차이가 난다고 주장할 것이다. 사회 철학자들은 공동체 전체에 대한 가족의 책임에 차이가 있다고 주장할지도 모른다. 이런 견해에도 확실히 옳은 점은 있다.

하지만 우리는 하나는 자기 방위 상황이고 다른 하나는 이런 범죄를 저지르고도 처벌받지 않게 놔두는 것은 명백한 죄라는 단순한 차이가 있다고 말할 것이다. 그리고 앞서도 말했듯이……

명백한 죄악을 최우선적인 성과로 의도하는 집단이나 대의에 바치는 충성은 어떤 식으로 은폐하더라도 분명 악에 대한 충성이다.

우리는 대개 옳은 것과 그른 것을 구별할 수 있다. 물론 회색 영역도 존재하지만 사회에 가장 큰 해악을 미치는 깃은 충성의 회색 지대가 아니다. 자기가 사는 세상에 죄악을 더하는 행동을 할 때 사회에 해가 미치는데, 이런 행동은 어떤 대상이나 사람에 대한 충성을 핑계 삼아 저지르는 경우가 많다. 거대한 악마를 피하려면 그가 자기 첩들이 바치는 충성으로 얻는 힘을 먼저 물리쳐야 한다. 이것이 모두 사라지고 나면 철학자들도 이제 회색 지대에 대해 토론할 수 있을 것이다. 그런 날이 올 때까지는 절대로 자신의 도덕적 나침반을 무시해서는 안 된다.

믿음과 충성

6

CHAPTER

모든 형태의 사랑은 충성에 없어서는 안 될 본질적 요소이며 종교의 중요한 힘으로 작용한다…… 신에 대한 사랑을 실생활에서 다른 이들에 대한 사랑으로 표현하라고 요구하지 않는 모든 종교는 쓸모없는 겉치레에 지나지 않는다.

– 윌리엄 암스트롱 페어번(William Armstrong Fairburn), 미국의 작가

신앙이 인간의 더 큰 행복과 관련이 있다는 사실을 보여주는 연구 결과가 계속 나오고 있다. 사실 우리가 직접 실시한 연구에서도 영적 자아를 드높이기 위해 자신의 많은 부분을 바친 사람들은 그렇지 않은 이들에 비해 훨씬 행복하다는 결과가 나왔다.

종교는 인간만이 경험할 수 있는 것이다. 우리는 영성이나 종교의 증거를 드러내는 지구상의 유일한 종이며, 모든 인간 사회는 언제나 일정한 형태의 종교를 숭상했다. 기록으로 남은 인류의 역사는 문화, 예술, 건축 등을 통해 종교가 인간 생활에 미친 압도적인 영향력을 드러낸다.

인류 역사를 관통하는 동안 종교는 우주의 존재를 설명하는 데 도움이 되었다. 설명할 수 없는 대상은 종종 기적으로 묘사되었다.

하지만 오늘날에는 자연 현상에 대해 품고 있던 미신의 상당수(또는 대부분)가 과학으로 설명된 상태다.

하지만 우리는 여전히 매우 종교적인 인간들이다. 종교의 종식을 요구하는 열정적이고 잘 쓴 탄원서에도 불구하고(우리는 그런 탄원서에 동의하지 않지만) 인간은 초자연적 존재에 대한 믿음을 악착같이 고수한다. 전 세계 인구의 84퍼센트가 신앙 고백을 한다.

철학자 데이비드 흄(David Hume)은 "종교 개념이 처음 생겨난 까닭은 자연의 움직임에 대한 묵상을 위해서가 아니라 인생에서 벌어지는 사건들에 대한 근심 그리고 인간의 마음을 좌우하는 끊임없는 희망과 두려움 때문이다"라고 주장했다. 이것은 과학의 힘으로는 도저히 진정시킬 수 없는 그런 근심이다.

아마 가장 중요한 사실은 종교가 신자들을 영원과 연결해줄 뿐만 아니라 신자들끼리도 서로 연결해준다는 점일 것이다. '왜?'는 인류가 보편적으로 던지는 질문이라는 말을 자주 한다. 그러나 우리가 언젠가는 '그게 다야?'라고 묻게 되리라는 것도 사실이다. 그리고 많은 이들에게는 종교가 이 질문에 답을 제시해준다. 우리는 모두 자기 인생에 어떤 의미가 있기를, 자기 자신보다 거대한 뭔가에 기여할 수 있기를 바란다. 신앙은 본질적인 특성상 충성의 표현이며, 어떤 이들은 충성의 궁극적 표현이라고 주장할지도 모른다.

종교와 충성

오늘날 사람들은 대부분 '종교'라는 단어를 영적인 믿음과 결부시킨다. 흥미롭게도 이 말의 어원이 원래 '연결하다'라는 의미를 지니고 있다.

당연한 얘기지만 종교는 집단의 단결을 촉진한다. 여러 종교 집단의 일원은 자기가 신자들로 구성된 거대한 '가족'에 속해 있다고 생각하는 경우가 많다. 실제로 많은 종교에서는 동료 신자들을 일컬어 '형제' 또는 '자매'라 칭하고, 종교 지도자를 '아버지'라고 부르기도 한다. 심지어 섬기는 신을 '아버지'나 '어머니'라고 부르는 예도 많다.

따라서 종교가 공산 사회주의 관습의 파생물이라고 생각해도 어느 정도는 무방하다. 신의 음성과 신자들의 공동체 모두에 대한 충성이 존재한다. 실제로 신의 의지를 해석하기 위한 토대를 제공하는 것이 바로 회중이다. 조지 플레처(George Fletcher) 교수는 충성에 관한 에세이에 이렇게 썼다.

종교적 삶의 토대는 우주에 존재하는 위대한 힘을 수용하는 것이며, 이러한 수용에는 종교적 삶을 살기 위한 조건인 겸손이 수반된다. 겸손하기 위해서는 자칭 예언가가 아닌 오랜 시간에 걸쳐 통찰력을 시험받은 회중의 한 일원으로서 신의 목소리를 들어야 한다. 게다가 한층 더 중요한 점은, 회중이 종교에 대한 개념이 자기가 신의 목소리를 들었다고 생각하는 개인의 월권을 중재한다는 것이다⋯⋯. 공동체와 그 구성원의 번영에 기여한 관습만이 살아남는다.

종교는 대부분 특정 부족이나 민족 집단, 국가 고유의 것이지만 모든 종교의 신자들은 아무리 지리적·인종적·민족적으로 멀리 떨어져 있어도 자기들이 한 공동체의 일부라고 생각하는 경향이 있다. 예컨대 이슬람은 전 세계 이슬람교도 공동체를 가리킬 때 아라비아어인 '움마(Ummah)'라는 말을 쓴다. 마찬가지로 기독교에서도 '그리스도의 몸'이라는 뜻의 라틴어 '코르푸스 크리스티아눔(Corpus Christianum)'이라는 용어를 사용해 모든 기독교도의 공동체를 묘사한다.

신자와 비신자

일반적으로 신앙은 동료 신자들의 행복에 관심을 불러일으킨다. 노벨상 수상자 허버트 사이먼(Herbert Simon)의 말처럼 "종교라면 대부분 어떤 형식으로든 나타나는 사후에 받을 보상과 처벌에 대한 믿음은 이타주의를 뒷받침하는 중요한 예를 제시한다……. (종교는) 이타적인 행동에 보상을 약속하는 경우가 많다."

하지만 이타주의 개념이 국외자에게까지 확대되는 경우는 드물다. 사실상 모든 종교가 신자와 비신자의 차이를 강조한다. 한편으로는 이해 가능한 행동이다. 만약 모든 종교가 똑같이 타당하다면 특정 신앙이 요구하는 희생을 감내할 이유가 어디 있겠는가? 그러나 인류가 저지른 최악의 죄 가운데 일부는 종교적 차이에 대한 강조 때문에 빚어졌다.

이단을 뿌리 뽑고 이교도들을 개종하거나 제거하려는 극도의 열망이 외집단에 대한 잔인성을 초래한다. 스페인의 이단 심문이나 신대륙 정복자들, 십자군 운동, 9.11 비극 등이 야기한 공포는 신의 이름으로 자행될 수 있는 폭력을 증명한다. 작가 조너선 스위프트(Jonathan Swift)가 말했듯이 슬프게도 "우리 종교는 남을 미워하게 하기에는 충분하지만 서로 사랑하게 만들 힘은 없다."

종교를 이용하여 국민의 충성심 유지하기

정부는 종교에 국민의 충성심을 유지하는 힘이 있다는 것을 오래전부터 알고 있었다. 공통의 종교는 공통된 믿음과 목표, 무엇보다 소중한 공동체 의식 그리고 신자들의 도덕성(그리고 비신자의 사악함)에 대한 인식을 제공한다. 또 공통의 종교는 이웃 국가들과 결속을 유지하는 데 도움이 되기도 한다.

신과 국가 사이의 연결 고리를 한층 더 단단히 하기 위해 지배자들은 자기가 신의 후손이라고 선언하는 경우가 많다. 예컨대 알렉산더 대왕도 자기가 제우스의 아들이라고 주장했다. 그리고 고대의 왕들은 자기가 신이라고까지 주장하지는 않아도 자신의 통치권은 신에게서 부여받은 것이므로 자국 국민을 비롯한 다른 모든 이들의 의사를 대신한다고 단언했다. 이 덕분에 이것은 '왕권신수설'이라는 이름으로 알려지게 되었다.

따라서 종교를 이용해 나라 전체를 결속한 지배자들은 국민의 머릿속에서 자신의 희망과 신의 의지를 결합할 수 있었다. 그 결과 종교는 기록으로 남아 있는 인류 역사 대부분에서 제국 건설의 필수 요소로 자리 잡았다.

종교의 교세 확산은 대부분 군사적 정복 덕분인 경우가 많지만 러시아에서 기독교를 받아들인 사례는 통치자가 국교를 선택할 때 얼마나 진지하게 고려하는가와 관련해 재미있는 정보를 제공해준다. 10세기 말엽 키예프(Kiev)의 블라디미르(Vladimir) 대공은 국민의 충성심을 높이기 위해 국교를 제정하고자 했다. 당시 블라디미르는 수많은 비와 800명에 이르는 후궁들을 거느린 신실한 이교도였다. 이교도이던 그는 천둥 번개의 신인 페룬(Perun)을 최고의 신으로 받들기로 결심했다. 그리고 자신의 신앙심을 증명하기 위해 인신 공양으로 수백 명을 바쳤다.

마침내 블라디미르는 국민의 충성심을 높이고 그들을 교화하는 데는 '세계적인' 종교가 더 큰 힘을 발휘할 것이라고 생각하게 되었다. 전설에 따르면 블라디미르는 유대교, 이슬람교, 기독교(천주교와 동방정교회)를 국교로 검토했다고 한다. 유대교가 거부당한 것은 블라디미르가 유대인이 예루살렘을 잃은 것은 곧 하느님이 유대교 신앙을 버린 증거라고 해석했기 때문이다. 이슬람교는 음주를 금지하는 교리 때문에 거부되었다. 이슬람교의 음주 금지 관습에 대해 알게 된 블라디미르는 "술을 마시는 것은 러시아인의 큰 즐거움이다"라고 말했다.

결국 블라디미르는 기독교를 택했다. 그가 동방정교회를 선택한 이유는 그의 밀사들이 비잔틴식 교회(오늘날 터키 이스탄불에 있는 성소피아사원)가 말 그대로 천국처럼 신성한 모습이라 "그곳에 들어간 사람들은 자기가 천국에 있는지 지상에 있는지 알지 못할 정도다. 단지 하느님이 거기 인간 사이에 계신다는 사실만 알 뿐이다.

그 아름다움은 평생 잊지 못할 정도다"라고 보고했기 때문이다.

물론 이 전설이 사실이든 아니든 상관없이 블라디미르는 이렇게 결정함으로써 정치적으로 많은 것을 얻었다. 그는 비잔틴제국과 동맹을 맺을 수 있게 되었고 이런 동맹은 결혼이라는 끈으로 더욱 공고해졌다.

정교 분리

오랜 기간에 걸친 종교와 정부의 결합 때문에 대다수 서구 국가들은 과거에(또는 지금도 여전히) 공식적으로 인정된 국교를 하나씩 가지고 있었다. 이런 신앙은 공식적으로 인가받았을 뿐만 아니라 정부에서도 자국의 공식 국교를 후원하기 위해 재정 지원을 직간접적으로 광범위하게 제공했다.

하지만 미국은 주목할 만한 예외적인 사례다. 미국의 헌법 제정자들은 정교를 분리해야 한다고 믿은 세속주의자들이었다. 실제로 헌법에는 신에 대한 언급이 없다. 〈뉴욕타임스〉에 실린 어느 기사에 나온 것처럼 "헌법을 제정한 이들은 몇 달 동안 그 일에 매달렸다. 그러니 신에 대해 언급하는 것을 단순히 잊었을 확률은 매우 낮다."

그렇다고 미국 헌법의 기틀을 마련한 이들이 종교 자체를 반대한 것은 아니다. 그들은 국가가 특정 종교를 후원하는 것을 반대했다. 종교는 미국 헌법 제정자들이 정부 개입을 막기 위해 헌법에서 추려낸 유일한 분야다. 헌법 제정자들은 또 신앙의 차이가 다른 나라에 적의를 품는 구실이 되는 것에 강력하게 반대했다.

이런 정신은 조지 워싱턴 대통령이 재임 중이던 1796년 초안을 작성해 1797년 존 애덤스(John Adams) 대통령의 승인 아래 조인한 트리폴리조약서(Treaty of Tripoli)에도 잘 드러나 있다.

미국 정부는 어떤 면에서도 기독교를 바탕으로 세워지지 않았다. 이슬람교도들의 법률, 종교, 평화에 적대적 감정이 원래부터 없었으며, 이슬람 국가를 상대로 한 전쟁이나 적대 행위에 가담한 적이 없기 때문에 종교적 견해에서 생겨난 그 어떤 핑계도 두 나라의 화합을 방해하지 못할 것이라고 양국 당사자들이 선언했다.

애덤스 대통령과 국무장관 티머시 피커링(Timothy Pickering)이 승인한 이 조약은 상원에서 비준되었다. 투표 결과 만장일치로 조약 체결에 찬성했는데, 이것은 당시 상원 역사상 세 번째 만장일치였다. 조약이 비준된 뒤 신문사 세 곳에서 조약문 전체를 신문에 실었는데, 신문사 두 곳은 필라델피아에, 다른 한 곳은 뉴욕에 있었다. 그 뒤 발행된 이들 신문을 봐도 조약문 내용에 대해 대중이 불만을 제기했다는 기록은 없다.

역설적인 사실은 세속주의를 토대로 세워진 미국이 서구 사회에서 신앙심이 아주 깊은 국가 가운데 하나라는 점이다. 반면 군주제가 이끄는 국교회가 있는 영국은 비종교적인 국가들 가운데 하나다. 미국의 종교적 열정이 이렇게 강해진 것은 세속적인 헌법 덕분이라는 주장도 있다. 종교에 아무런 제약이 없으니 그만큼 자유롭게 번성할 수 있었다는 것이다.

인도의 첫 번째 수상 자와할랄 네루(Jawaharlal Nehru)도 이런 논리를 뒷받침하는 듯하다. 인도 헌법을 제정한 네루는 세속주의와 종교의 조화를 지지했다.

우리는 세속적인 (국가)에 대해 얘기했다……. 어떤 이들은 이것이 종교와 반대되는 무엇을 의미한다고 생각한다. 그것은 분명 사실이 아니다. 이것이 의미하는 바는 우리나라가 모든 종교를 똑같이 존중하면서 그들에게 동등한 기회를 준다는 것이다……. 수많은 신념과 종교를 지닌 이 나라에서 속세를 기반으로 하지 않고 진정한 민족주의를 구축하는 것은 불가능하다.

오늘날 서구 민주주의 사회에 사는 대다수 시민들은 정교분리 원칙에 동의한다. 프랑스 역사가이자 정치 사상가인 알렉시스 드

토크빌(Alexis de Tocqueville)이 1830년대 미국 종교에 대해 한 말은 통찰력이 매우 돋보인다. "이들은 자기 나라에서 종교가 이토록 평화로운 영향력을 행사하는 것은 모두 정치와 교회를 분리한 덕분이라고 생각한다. 내가 미국에 체류하는 동안 성직자든 속인이든 이 의견에 동의하지 않는 사람은 한 명도 만나지 못했다고 자신 있게 단언할 수 있다."

종교, 민주주의, 다원성

21세기의 쟁점은 전 세계 종교가 다원론적인 민주 사회와 양립할 수 있느냐는 것이다. 모든 서구 국가의 국민은 이것을 축복인 동시에 부담으로 받아들인다. 그러나 신앙심이 깊은 이들에게는 이것이 명확한 문제를 야기한다.

드물기는 하지만 꽤나 시끄러운 사례로, 종교적 믿음에 대한 충성이 시민이 지켜야 할 법률의 요구와 충돌을 일으키는 경우가 있다. 예를 들어 법원은 일부 종교 의식에서 불법적인 약물 사용을 제재하라는 압력을 받고 있다.

하지만 그보다 일반적인 사례는 특정 종교가 금지하는 내용을 시민법이 허용하는 경우가 많아 문제가 생기는 것이다. 그 결과 신앙심이 깊은 이들은 유혹에서 사신을 보호하기 위해 안간힘을 쓰면서 법률 개정을 요구할 수밖에 없다. 하지만 이들이 사용하는 방법 때문에 충돌이 빚어지는 경우가 잦다.

클린턴 대통령 재임 시절에 국내 정책담당 보좌관으로 일한 윌리엄 갤스턴(William Galston)은 자신의 책 《공적 사안(Public Matters: Politics, Policy, and Religion in the 21st Century)》에서 종교가 공공 정책에 기여할 수 있는 올바른 방법과 그릇된 방법이 있다고 주장했다.

올바른 방법은 모든 종교적 전통을 공적 담화의 전제를 이끌어내는 공감, 규범, 열망의 실체인 공공 문화의…… 방대하고 다양한 확장을 위한 자양분 역할을 하는 속국으로 여기는 것이다. 그릇된 방법은 특정한 종교적 전통이 다른 모든 종교에 대해 포괄적이고 도전할 수 없는 통치권을 주장하여 그것의 전제와 약속이 대화의 주류를 이루고 법의 힘으로 그 권한을 인정받는 것이다.

서구 국가들의 종교적 다양성이 점점 커짐에 따라 많은 종교들이 종교적 다원성을 인정해야 할 필요성을 깨닫게 되었다. 하버드 대학교 브라이언 헤이르(Bryan Hehir) 교수는 천주교에서 이런 변화를 관찰했다.

19세기 정-교 논쟁에서…… 종교적 다원성은 극복할 수 없다면 참아내야 하는 예외적 상황이었다……. 제2차 바티칸 공의회의 가르침에 따르면 종교적 다원성은…… 교회가 자신들이 지닌 자원과 뛰어난 신자들에게만 의존해 종교 의식을 자유롭게 집행할 수 있는 일반적으로 용인되는 상황이다.

그러나 모든 사람이 전 세계 종교가 평화롭게 공존할 수 있다고 확신하는 것은 아니다. 많은 서구인들은 열렬한 신앙심과 다원적이고 민주적인 사회가 양립할 수 있는지에 공공연하게 의문을 표한다. 옥스퍼드대학교 리처드 도킨스(Richard Dawkins) 교수는 《만들어진 신(The God Delusion)》에서 몇몇 사람들의 극단적인 반응을 이용해 서구 사회는 언론의 자유를 보호하는 것이 어떤 것의 표명이라고 여기지만 그가 보기에 그것은 모든 종교에 내재된 쓰레기일 뿐이라고 공격했다. 비록 우리는 이런 견해에 동의하지 않지만 도킨스는 타당한 지적을 했다. "(그들의 정서를) 진지하게 받아들이고 그에 걸맞은 존중을 보여주지 않으면, 중세 이후 다른 어떤 종교도 원하지 않은 엄청난 규모의 물리적 위협을 받게 된다." 물론 모든 주요 종교의 충실한 지지자들은 대부분 폭력을 혐오한다. 그런데도 위험한 성향을 지닌 소수가 가하는 위협이 매우 현실적이라 심각한 근심을 불러일으킨다.

신의 이름으로 자행되는 다른 종교에 대한 편협하고 잔인한 행동은 당연히 민주적인 이상과 양립할 수 없다. 그러나 모두 함께 평화롭게 살 수 있다고 믿을 만한 충분한 이유가 있다. 사실 우리 조상이 이미 그것이 가능하다는 사실을 입증했다. 라 콘비벤시아 (La Convivencia, 문자 그대로 번역하면 '공존')라고 하는 711~1492년에 스페인의 이슬람교도와 유대인, 가톨릭교도들은 비교적 평화롭게 함께 살았다. 세 종교가 다원적인 사회 안에서 공존한 것이다. 이들은 생각과 이상을 공유하고 사업을 함께했다. 그리고 같은 동네에 사는 경우도 많았다. 그 결과 인류 역사상 뛰어난 문명 가운데 하나가 건설되었다.

라 콘비벤시아가 주는 교훈은 명확하다. 우리도 함께 살 수 있다! 우리도 서로서로 배울 수 있다! 하지만 그러기 위해서는 먼저 서로 의사소통을 하고, 의견이 일치하지 않는 이들을 비롯해 모든 이들의 자유를 존중해야 한다. 스위스의 가톨릭 신학자 한스 큉 (Hans Kung)의 말이 정말 같이 들린다.

종교 사이에 평화가 없으면 나라들끼리도 평화가 없다. 종교끼리 대화를 나누지 않는다면 종교 사이에 평화가 자리 잡을 수 없다. 공통의 윤리적 기준이 없으면 종교끼리 대화를 나눌 수 없고, 전 세계에 윤리가 확립되지 않으면 인류는 생존할 수 없다.

영원에 대한 충성

모든 문화권의 교의마다 약간씩 변형된 형태의 행동 규범(예를 들어 남에게 대접받고 싶은 대로 남을 대접하라)이 나온다는 얘기를 자주 한다. 사실 이것이야말로 신앙에서 우리가 배워야 하는 근본적인 진리임이 증명되었다. 유대인의 역사에서 중요한 인물 중 하나인 힐렐(Hillel)은 이렇게 말했다. "자기가 싫어하는 일을 동료에게 행하지 마라. 이것이 율법이 말하고자 하는 모든 것이며 나머지는 설명일 뿐이다. 가서 배우라."

벤저민 프랭클린도 이와 비슷한 말을 했다.

덕행보다 정통성을 중요시할 경우 중요한 종교가 늘 수난을 겪는 듯하다. 최후의 날이 오면 생각이 아닌 행동으로 심판받게 될 것이라는 점을 성서를 보고 확신하게 되었다. 그리고 주여! 주여! 하고 외쳐 부르는 것보다 다른 이들에게 친절을 베푸는 것이 우리의 장점이 될 것이다.

종교의 목적은 인간끼리 그리고 신과 유대감을 형성하는 것이다. 존경받는 하버드대학교 조사이어 로이스 교수는 《충성의 철학(The Philosophy of Loyalty)》에서 충성의 정점은 동일하다고 주장했다. 가장 순수한 형태의 충성은 '영원한 존재를 믿고 그 믿음을 실생활에서 표현하려는 의지'다. 그 결과 "충성과 종교는 오랫동안 멀리 떨어져 있었다. 그러나 진정한 충성에는 이상의 초인적인 실체에 대한 잠재적인 믿음이 수반되며, 충성이 유일하고도 영원한 이상에 대한 무의식적 헌신을 의미한다는 사실에는 변함이 없다."

충성에 대한 교육

교실은 충성이 처음 충돌하는 장소다.

　　　　　　　－ 조지 P. 플레처, 컬럼비아대학교 법학교수

공동체를 구성하는 요소는 무엇인가? 지리? 인종? 종교? 언어? 이 모두 사람들을 단결시키는 데 일정한 역할을 하는 것은 사실이지만 이것만으로는 결속력 있는 사회를 만들기에 충분하지 않다. 공동체에는 공동의 정체성이 필요하다.

이 세계와 우리가 그 안에서 차지하는 위치에 대해 구체적인 시각을 견지해야 한다는 이야기가 역사를 통틀어 신화, 역사, 시, 노래 등을 통해 끊임없이 되풀이되고 있다. 우리 조상들은 우리가 자신보다 더 큰 존재의 일부이며 모든 이들이 자기만의 가치를 가지고 있고 또 서로 속해 있다고 배웠다. 우리 아이들도 이와 똑같은 교훈을 배워야만 한다.

조지 플레처 교수는 충성에 관한 에세이에서 이렇게 말했다.

문학, 역사, 윤리를 가르치는 것은 곧 이런 공동의 정체성을 만들어내는 데 필요한 중요한 매체를 제공하는 것이다. 학생들은 같은 언어로 말해야 할 뿐만 아니라 같은 글귀와 시를 암송하고 같은 국가적 영웅을 존경하며 같은 악당을 싫어하고 공통의 제도에 동일한 감정을 품어야 한다. 그것이 바로 공통의 문화권에 산다는 것의 의미다.

결국 우리는 자기가 배운 내용을 바탕으로 자신의 정체성과 사회에 대한 비전을 정의할 수 있다. 또 공동체가 소중히 여기는 가치도 이런 학습을 거쳐 주입된다. 이런 이상은 본능적으로 생겨나는 것이 아니라 배우는 것이다. 훌륭한 시민이 되어야 한다는 것도, 이 사회에 도움이 되는 일원이 되어야 한다는 것도 이렇게 해서 배운다. 그런 점에서 학교는 공동체의 온실이라 할 수 있다.

아이들 머릿속에 충성의 토대 심어주기

벤저민 프랭클린은 미덕은 곧 예술이라고 생각했지만 예술처럼 미덕도 대부분 본능적으로 생겨나는 것이 아니다. "먼저 예술의 원리를 깨우치고 모든 작업 방법을 직접 본 뒤 필요한 도구를 제대로 사용하는 습관을 들여야 한다. 그리고 꾸준히 연습한다면 어김없이 차차 완벽한 예술의 경지에 다다르게 된다." 결국 우리 모두 충성 기술을 꾸준히 연마해야 한다는 얘기다.

충성은 고유의 특성상 어떤 사람이나 집단, 대의를 위해 나 자신을 바치도록 요구한다. 우리는 타인과 결속을 유지하기 위해 잠깐 이기심을 억누른다. 가장 고결한 형태의 충성을 느낄 때는 서로 결속하도록 의도된 우리 자신보다 더 거대한 대의를 섬기기도 한다.

따라서 충성스러운 인간이 되기 위한 훈련 과정에서는 우리 자신보다 거대한 어떤 대상을 섬긴다는 것의 진정한 의미를 배워야 한다. 마틴 루터 킹 주니어(Martin Luther King Jr.)의 말을 빌리면 "완벽한 교육은 집중력뿐만 아니라 집중할 수 있는 훌륭한 대상까지 함께 준다."

학교는 '봉사 학습'이라고 하는 공동체에 대한 봉사를 교과 과정에 통합함으로써 아이들이 충성 기술을 익히도록 도울 수 있다. 봉사 학습의 효과를 연구한 결과 잘 조직된 프로그램에 참여한 학생들은 시민의 의무에 좀 더 적극적으로 참여하게 되었다는 결과가 나왔다.

그러나 아이들 머릿속에 충성의 토대를 심어주려면 단순히 교과 과정에 공동체 봉사를 포함하는 것만으로는 충분하지 않다. 범죄에 대한 처벌로 사회봉사형을 선고한다고 해서 그 사람에게 공동체에 대한 **충성심**을 강하게 새겨줄 수는 없다는 사실이 이미 적나라하게 증명되지 않았는가.

단순히 공동체를 위해 봉사활동을 하는 것으로는 부족하다. 그보다 중요한 것은 우리 아이들이 이런 봉사의 미덕을 이해하여 자기 것으로 만들고 소중히 여기게 되는 것이다.

충성을 가르치기 위한 예비 단계

충성은 성숙함을 요구한다. 아이들도 강력한 감정적 유대감을 느낄 수 있고 실제로 느끼기도 하지만 충성은 개인적 헌신의 결과물이다. 따라서 어린아이들이 원래 충성스러울 것이라고 기대할 수는 없다.

그러나 어린아이들도 책임감, 인내, 타인에 대한 존중 같은 충성의 예비 단계는 배울 수 있다. 이런 가치관은 충성과 관계가 매우 밀접하며 우리가 자녀들이 인생에서 배우기를 기대하는 교훈의 일부이기도 하다. 그렇기 때문에 인성교육은 학교의 중요한 책임이다.

학교가 아이들에게 미덕을 심어주는 데만 집중해야 한다는 생각은 새로 생겨난 개념이 아니다. 사실 이것의 기원은 인류 역사에서 교육이 처음 시작되던 무렵까지 거슬러 올라간다. 플라톤은 "미덕에 대한 교육은 교육이라는 이름을 쓸 자격이 있는 유일한 교육이다"라고 말하기도 했다.

역사상 위대한 몇몇 철학자들도 교육이 고결한 사회를 만드는 경로라는 이런 믿음을 예전부터 품고 있었다. 영국 철학자 존 로크(John Locke)는 이렇게 말했다. "우리가 만나는 사람들의 열 가지 모습 가운데 아홉 가지는 그것이 선하든 악하든, 유용하든 유용하지 않든 간에 교육으로 형성된 것이다."

미국 헌법 제정자들의 의견도 이와 같았다. 사실 그들은 민주주의가 제 기능을 발휘하려면 국민이 교양이 있고 또 덕이 높아야 한다는 올바른 생각을 품고 있었다. 여기에서 '또'라는 단어가 중요하다. 모든 국민의 사고력을 높이기 위한 교육은 반드시 필요하지만 그것만 가지고는 충분하지 않다. 현대 민주주의 사회가 성공하려면 모든 아이를 잘 교육하고 국민이 중요하게 생각하는 가치관을 소중히 여기도록 가르치는 것이 필수적이다. 미국의 전 대통령이자 헌법의 주요 입안자이기도 한 제임스 매디슨(James Madison)은 이렇게 경고했다. "어떤 형태의 정부든 덕망 높은 국민 없이 자유나 행복을 보장할 수 있다고 가정하는 것은 터무니없는 생각이다."

그럼에도 학교가 아이들에게 도덕적인 가치관을 심어줘야 한다는 생각과 관련해 원치에 이거한 논쟁이 뒤따르지 않는 것은 아니다. 이론의 여지가 있지만 아이들에게 가치관을 가르치는 최고의 선생은 학교가 아니라 부모여야 한다. 가치관을 심어주는 것은 분명 부모의 가장 중요한 책임이다. 그러나 아이를 키우려면 마을 전체가 필요하다고 한 미국 국무장관 힐러리 클린턴(Hillary Clinton)의 말도 옳다. 그녀는 《아이 하나를 키우려면 마을 전체가 필요하다(It Takes a Village)》라는 책의 첫머리에서 논쟁의 여지가 없는 진실을 분명하게 밝혔다.

아이들은 엄격한 개인주의자가 아니다. 아이들은 자기가 아는 어른과 날마다 자신들의 행복에 영향을 미치는 결정을 내리는 수천 명의 어른들에게 의지한다. 이 사실을 인정하든 인정하지 않든 간에 우리에게는 단순히 가족의 가치만 신봉하는 것이 아니라 가족과 아이들을 무엇보다 소중히 여기는 나라에서 아이들이 자라게 할지 결정할 책임이 있다.

클린턴의 책에도 함께 논쟁을 벌여볼 만한 본격적인 사안이 있지만 그녀가 주장하는 핵심적인 아이디어는 그리 진보적이지도, 보수적이지도 않다. 보수적인 라디오 토크쇼 진행자이자 칼럼니스트 겸 작가인 커비 앤더슨(Kerby Anderson)이 인정한 것처럼 "표면적으로는 아이를 키우기 위해 부모 이외에 다른 사람의 도움이 필요하다는 생각에는 전혀 문제될 것이 없다. 조부모, 친구, 정신적 지도자, 교사, 보이스카우트 리더 그리고 공동체의 다른 많은 이들이 우리 아이들의 삶에서 여러 가지 역할을 한다."

아이들을 키우는 일에서 공동체의 역할은 문명만큼이나 오래된 것이다. 그러나 그 필요성이 지금만큼 컸던 때도 없다. 현대사회의 시간적 압박으로 아이들에게 미덕을 가르치는 부모들이 겪는 어려움이 한층 더 악화되었다. 게다가 아이들이 모순되고 때로 폭력적이기까지 한 메시지의 공세를 받는 시간이 엄청나게 늘어나는 바람에 문제는 더욱 심각해졌다. 아이들이 1년 동안 텔레비전을 시청하는 시간은 1,500시간이나 되는 반면 부모와 의미 있는 대화를 나누는 시간은 40시간도 채 안 된다는 조사 결과도 있다. 이런 숫자는 부모들이 직면한 어려움과 혼자 힘으로 이 일을 해내는 것이 거의 불가능하다는 것에 대한 증거가 된다.

학교는 특성상 부모들을 도와 아이들의 발달을 감독하는 데 매우 중요한 역할을 한다. 아이들은 1년에 약 900시간을 학교에서 보낸다. 그리고 학교는 학생들에게 가치관을 전달하지 않으면 제대로 기능할 수 없는 것이 현실이다. 교육이 성공할 수 있다는 희망을 가지려면 학생들이 정직, 청렴, 협력, 자기 개선 그리고 학습 자체를 높이 평가하게 되어야 한다.

일리노이주립대학교 교육학과 에드워드 윈(Edward Wynne) 교수는 이렇게 주장했다. "학교는 학생들의 도덕성에 관심을 가지고 있고 또 반드시 그래야만 한다. 학교처럼 어린이나 청소년을 장기간에 걸쳐 보호하는 기관은 담당하는 학생들의 인성에 필연적으로 영향을 미치게 마련이다." 따라서 지금 문제는 학교에서 윤리를 가르쳐야 하느냐가 아니라 어떤 가치관을 심어줄지 결정하는 것이다.

언론을 통해 익히 알려진 논쟁에도 불구하고 각종 여론조사 결과는 우리가 아이들이 배우는 가치관에 관심을 많이 가지고 있다는 사실을 일관되게 보여준다. 그리고 실제로 우리 국민이 소중히 여기는 덕목에 대해서는 강력하게 합의한 상태다. 조사 결과 90퍼센트 이상이 아이들은 공립학교에서 정직, 다른 인종과 민족에 대한 수용, 자기가 사는 지역에 대한 사랑, 정신적 용기, 친구와 가족에 대한 배려를 배워야 한다고 생각했다.

마찬가지로 인성교육이 교과 과정의 중요한 일부가 되어야 한다고 생각하는 교사들의 수가 압도적으로 많았다. 이것은 별로 놀라운 일이 아니다. 교사들은 대부분 고상한 충성심을 바탕으로 자신의 직업을 선택했기 때문이다. 그들은 아이들의 삶에 변화를 주고 더 나은 사람이 되도록 도와주고 싶어 한다.

그런데 슬프게도 인성교육과 관련해 교사들이 지침을 충분히 받지 못하는 경우가 너무나 많다. 이는 중대한 실수다. 인성교육은 우리가 유머를 섞어 3R(읽기(reading), 쓰기(writing), 산수(arithmetic))라고 하는 기술을 가르치는 것보다 더 복잡한 일이다. 이것은 개인의 성장과 관계되는 일이다. 따라서 인성교육에 우선순위를 둬 성공적으로 수행하려면 교사들도 그에 적합한 교육을 받아야만 한다.

하지만 가장 큰 어려움은 인성교육을 교과 과정에 합법적으로 포함하는 일이다. 1960년대부터 서구 나라들은 대부분 인성교육의 중요성을 무시하고 학문적인 기초(예를 들어 수학, 읽기 등)에만 관심을 집중했다. 하지만 곧 이로써 문화적 지속성이 침식된 것이 겉으로 드러나게 되었다. 그 결과 아이들에게 핵심적인 가치관을 가르치는 문제에 대한 관심이 깨어났다. 미국에서는 국회와 빌 클린턴 대통령이 공식적으로 인성교육을 지지하면서 통합 윤리 교육의 중요성을 학교들에게 일깨워주었다.

하지만 공동체로서는 아이들에게 도덕적 인성을 심어주는 책임을 학교에만 맡겨둘 수 없다. 각 공동체는 학교에서 어떤 가치관을 가르치기를 바라는지 결정해야 한다. 학교와 부모, 공동체가 모두 아이들에게 가르치고자 하는 가치관의 비전과 목표, 학습 방식과 관련해 머리를 모아야 한다.

우리 아이들이 무엇이 옳은지 알고, 옳은 길을 택하며, 옳은 일을 할 능력을 갖추는 등 인성의 의미를 배우는 일과 관련해 자신의 책임을 회피해서는 안 된다. 우리는 공동체의 학교가 이런 중요한 역할을 다할 수 있도록 뒷받침해야 한다. 이것은 성실한 시민으로서 우리가 지켜야 할 의무다. 그렇지 않으면 생각하기도 싫은 미래를 맞게 될 것이다. 시어도어 루스벨트 대통령이 경고했듯이 "인간의 지성만 교육하고 도덕심은 가르치지 않는 것은 사회의 골칫거리를 양성하는 것이나 마찬가지다."

공통된 정체성 가르치기

어떤 사람이나 집단, 대의에 대한 충성은 충성의 대상과 자기 자신을 개인적으로 동일시했을 때 생겨나는 경우가 많다. 따라서 모든 이들이 서로 신의를 지키는 사회에 살고 싶다면 공통된 정체성을 공유해야 한다.

학교는 이런 공통된 의견을 촉진하는 데 중요한 역할을 한다. 1945년 하버드대학교에서 위탁한 자유 사회의 교육 목적에 대한 연구 결과를 인용하면 "다른 사회들과 마찬가지로 우리 사회도 공통된 믿음을 기반으로 하며 교육의 주된 임무는 그것을 영속하는 것이라는 자각에서 벗어나는 것은 불가능하다." 이것은 현실에도 그대로 들어맞는다.

이론의 여지가 있겠지만 오늘날 한 가지 차이가 있다면 사실상 모든 서구 선진국에서 다양한 종교와 언어 유산을 지닌 이민자들을 흡수하는 문제가 한층 더 뚜렷하게 드러나고 있다는 점이다. 심지어 미국처럼 이민 전통이 오래된 나라에서도 이민 문제가 얼띤 논쟁을 불러일으킨다.

다양성은 분명히 인류를 풍요롭게 만들지만 그리고 우리가 볼 때 이것은 국가적인 힘이기도 하지만 통일성에는 상당한 문제를 야기한다. 거대한 공동체의 일원이 되려면 자기 자신을 그 공동체와 동일시해야 한다. 그 결과 상당수 시구 사회는 다양한 종교와 언어적 유산을 지닌 사람들을 결속력 강한 사회에 동화시켜야 한다는 사실을 깨달았다. 학교는 국가에 소속된다는 것의 의미 그러니까 미국인, 영국인, 프랑스인 등이 된다는 것의 의미를 알려주는 이런 통일된 비전을 만드는 데 전통적으로 중요한 촉매 역할을 했다.

사실 이것이야말로 학교가 반드시 수행해야 하는 기능이다. 미국에서 공립학교를 세운 주된 이유 가운데 하나는 시민 교육의 필요성 때문이었다. 플레처가 말했듯이 "공통점에 대한 개념과 공통된 국가 정체성을 형성하는 것은 페어플레이의 미덕과 잘 통제된 학습의 중요성을 가르치는 것만큼이나 중요한 교육의 임무다."

하지만 이런 목적 때문에 다양성이 말살되어서는 안 된다. 남들과 다른 것은 좋은 것이다! 따라서 다양성을 존중하는 동시에 우리를 한 국민으로 여기게 하는 것을 목표로 삼아야 한다.

충성스러운 사회에 꼭 필요한 영웅

예술 분야에서 영웅이 하는 역할은 영웅이 떠난 뒤에도 독자나 구경꾼이 그 자리에서 같은 정신을 이어갈 수 있도록 영감을 주는 것이다.

– 존 버거(John Berger), 영국의 작가, 화가

그는 영웅다운 면이 전혀 없는 사람이었다. 이 말을 칭찬으로 여길 사람은 아마 없을 것이다. 또 자기 묘비에 이런 말이 새겨지기를 바라는 사람도 없다. 이것은 상처입고 외로운 인생의 지칠 대로 지친 시각을 나타낸다. 사실 우리에게는 영웅이, 우리를 고무하고 훌륭한 모범을 보여 우리에게 나아갈 길을 밝혀줄 사람이 필요하다. 그리고 충성스러운 사회에도 공통의 영웅이 필요하다.

어린 시절만큼 영웅의 존재가 크게 다가오는 때도 없다. 실현 가능한 세상을 꿈꾸고 그 꿈 안에서 자기 모습을 찾는 방법을 배우는 것도 이때다. 하버드대학교 조사이어 로이스 교수는 자신의 저서 《충성의 철학》에서 이런 유년기의 이상화가 고귀한 충성을 발전시키는 데 얼마나 중요한지 설득력 있게 주장했다.

유년기가 향후의 충성심 발달에 기여하는 부분이 하나 있으니……

영웅과 모험을 이상화하고, 상상 속의 삶을 살며, 이상적인 동료를 얻고, 위대한 계획을 세울 수 있는 유명한 성향이 바로 그것이다……. 유년시절에 여러 영웅들과 인생의 경이로움에 마음을 뺏긴 적이 없었더라면 훗날 주어진 의무에 충실하기가 더 어려웠을 것이다. 충성은…… 인간의 삶에 대한 이상화이자 사회적 존재의 눈에 보이지 않는 부분과 나누는 교감이다. 인간관계를 있는 그대로만 해석하면 충성을 발전시키는 데 장애가 생긴다.

어떤 이들이 시민으로서 충성심을 고취하기 위해 역사 교육을 실시해야 한다고 주장하는 것도 이런 시각 때문이다. 가장 두드러진 예로 클린턴 대통령의 국내 정책담당 보좌관으로 일한 윌리엄 갤스턴이 과학적 역사를 "좀 더 숭고하고 도덕심을 고취할 수 있는 역사, 중요한 제도에 합법성을 부여하고 우리가 감히 겨뤄볼 만한 가치가 있는 영웅들의 만신전으로 대체해야 한다"라고 주장한 일을 들 수 있다.

이런 시각에 대해서도 의미 있는 논쟁이 있었다. 그러나 숭고한 대의를 위해 싸우는 영웅이 필요하다는 사실에는 의심의 여지가 없다. 가슴속에 자기만의 영웅을 품지 않은 사람은 외로울 수밖에 없다. 그리고 외로운 개인들이 모인 공동체는 제대로 된 공동체가 아니며, 충성을 바칠 만한 가치도 없다.

충성스러운 사회를 위한 비판적 성찰

학교는 사회의 가치관을 반영할 의무가 있다. 공공기관으로서 그들의 영향력은 사회의 공식적인 시각을 나타낸다. 하지만 건전한 교육은 증거를 심사숙고하고 논쟁을 받아들이라고 요구한다.

사실 지속 가능하고 충성스러운 사회를 만들려면 그 집단의 구성원이 비판적으로 사고할 줄 알아야 한다. 이것은 공동체를 구성하려면 공통의 정체성을 만들어야 한다는 요구에 반하는 것처럼 보인다. 여기서 관건은 지속 가능성이다.

공동체는 인생처럼 생존을 위해 적응하고 발전해나가야 한다. 그런데 공동체를 분열하고자 하는 세력은 늘 있게 마련이다. 우리는 자기들끼리 공통된 비전을 공유할 수 없게 된 사회가 결국 더 작고 균질한 집단으로 쪼개지는 바람에 나라 전체가 무너지는 모습도 직접 보았다.

사회에 속한 여러 집단이 자신들이 부당하게 대우받는다고 여기게 되면 분열의 힘이 압도적으로 커진다. 또 아무리 동질성을 유지하고 있는 사회라 하더라도 어느 순간엔가 자기가 부당한 대우를 받는다고 생각하는 구성원이 나타나게 마련이다.

형평성과 사회적 정의와 관련된 문제는 비판적 성찰로만 제대로 해결할 수 있다. 이것이 없으면 대다수 사람들은 불의에 눈감거나 변명만 늘어놓게 된다.

　그러나 불의를 무시하거나 참아준다 해서 그것이 사라지지는 않는다. 사회 내부에 특권을 박탈당한 집단만 생겨날 뿐이다. 불공평한 사례를 이해하고 시정하려는 진지한 시도가 없다면 감정적으로든 물리적으로든 집단에서 탈퇴할 위험이 계속 존재하게 된다. 두 가지 유형의 탈퇴로 사회가 치러야 할 비용을 모두 합치면 규모가 엄청나다.

　경제학자 앨버트 허쉬만(Albert Hirschman)이 '반대할 만한 상황'이라고 칭한 상황을 변화시키려고 시도하는 것이 바로 진정으로 충성스러운 자의 비판적 이성이다. 우리는 노예제도나 인종차별주의, 엘리트주의 같은 죄악이 바로 얼마 전까지만 해도 우리 사회의 일반적인 규범이었다는 사실을 쉽게 잊는다. 변화가 생긴 것은 그것이 자연스러운 추세였기 때문이 아니라 충성스러운 시민들이 문제를 비판적으로 숙고하고 일반적인 통념에 반기를 들었기 때문이다.

　따라서 학교는 아이들에게 단순한 지식만 제공할 것이 아니라 나이가 들면서 생기는 이런저런 복잡한 문제를 해결하는 데 필요한 비판적인 사고 기술도 가르쳐야 한다. 이런 방법을 동원해야만 다수의 의지가 공동체의 지속 가능성을 위협하는 상황이 발생했을 때 충성스러운 시민들이 현상 유지에 반대할 수 있는 능력을 갖추게 된다. 그리고 다수가 그런 사고방식의 가치를 깨닫는 것도 비판적 사고로만 가능하다.

영웅과 비판적 사고의 필요성

플로리다 주립대학교 철학과 빅토리아 코스타(Victoria Costa) 교수는 "교육 체계는⋯⋯ 두 가지 종류의 목표를 활성화할 수 있다. 하나는 특정 공동체에 충성하는 시민을 양성하는 것이다. 다른 하나는⋯⋯ 진실을 추구하기 위해 합리적으로 탐구할 수 있는 학생들의 역량을 개발하는 것이다⋯⋯. 이 두 가지 목표 사이에는 눈에 띄는 긴장이 흐르고 있다"라고 주장했다.

코스타 교수의 주장은 물론 맞다. 그러나 충성스러운 시민 정신과 비판적 성찰이라는 두 가지 목표가 상호 배타적이지 않은 것도 사실이다. 마틴 루터 킹 주니어의 감동적인 주장을 들어보자.

우리는 교육을 받아 증거를 엄밀히 조사해 서로 비교·검토하고 진실과 거짓, 현실과 가공, 실제와 허구를 분별하는 능력을 갖춰야 한다. 따라서 교육의 목적은 집중해서 비판적으로 사고할 수 있는 방법을 가르치는 것이다. 그러나 효율성 때문에 중단된 교육은 사회에 가장 큰 위험을 가하는 것으로 판명되었다. 가장 위험한 범죄자는 이성적으로 사고하는 재능을 갖췄으면서 도덕성은 결여된 자일지도 모른다……. 지적인 능력을 갖추는 것만으로는 충분하지 않다는 사실을 명심해야 한다. 지성과 인성을 더하는 것이 바로 교육의 진정한 목표다.

결론적으로 우리 아이들을 교육할 때 영웅과 비판적 사고를 함께 제공해야 한다는 얘기다. 그런데 불행히도 양극단 사이에 논쟁이 벌어지고 있는 듯하다. 자유 사회는 자신들의 과거를 잊지 않기 위해 합법적인 수단을 동원한다. '히틀러 청년단'의 비전을 세뇌한 것 같은 일은 잊을 수도 없고 잊어서도 안 된다. 마찬가지로 우리는 오늘날 전 세계 몇몇 국가의 일부 학교에서 감수성이 풍부한 젊은이들을 상대로 치명적인 광신적 사상을 주입하는 일을 경계한다.

다른 한편으로는 교육자들이 과거의 부정적인 일들을 지나치게 강조하는 경우도 있는데, 때로는 인류가 오랜 세월에 걸쳐 권력에 굶주린 수많은 폭군들의 손아귀에서 고통받은 일 외에는 역사에서 배울 만한 내용이 전혀 없다는 견해를 취하는 것처럼 보일 정도다.

역사 수업에 인간이 겪은 고통에 관한 내용이 가득한 것은 당연한 일이다. 그리고 그 규모나 지속 기간에 관계없이 모든 정권은 오늘날 우리가 모든 인류의 양도할 수 없는 권리라고 생각하는 중요한 권리를 침해하는 행동을 저질렀다. 그러나 전반적인 인류의 삶이 지금보다 더 나았던 적이 없었던 것도 명백한 사실이다. 그리고 이것은 우연히 이뤄진 일이 아니다. 이것은 과거 수많은 영웅들의 희생으로 얻은 직접적인 결과물이다. 그들이 없었다면 행복을 추구하는 능력 같은 것은 상상할 수도 없었을 것이다.

영웅들에 대해 완전히 조작된 관점을 옹호하는 이들은 그 영웅뿐만 아니라 자기들이 강렬한 인상을 주고 싶어 하는 국민 모두에게 엄청난 누를 끼치는 것이다. 무과실성은 종교적인 화신들에게나 어울리는 것이다. 모든 인간이 공통적으로 품고 있는 자기 불신과 결점을 영웅들에게서 제거해버리면 인류의 행복을 위한 그들의 자기희생은 그저 미리 정해진 초인(超人)의 운명쯤으로 전락하고 말 것이다. 그리고 우리 아이들에게 그들은 위대할 뿐만 아니라 우리와 전혀 다른 존재들이었다는 메시지를 전하게 된다.

그러나 그들이 우리와 닮은 점이 없다면 세상의 운명은 내가 아닌 다른 누군가의 문제가 되고, 최악의 경우 요즘 사람들 힘으로는 도저히 해결할 수 없는 문제가 되고 만다. 영웅들은 우리에게 영감을 주고 동경의 대상이 되어야 한다. 그렇지 않으면 좋은 시절은 늘 과거의 일이 되어버릴 것이다.

영웅들에 대한 꾸미지 않은 시각을 지지하는 이들도 영웅과 시민들에게 누를 끼치기는 마찬가지다. 인간은 아무리 위대한 업적을 이룬 사람이라도 다들 심각한 결점을 지니고 있다. 이런 결점과 단점이 합쳐진 것이 우리 삶이라면 우리는 모두 부끄러운 유산을 남기게 될 것이다. 안타까운 일이지만 비판적 사고라며 내세운 것이 사실은 역사 속 영웅들의 업적을 강조하기보다 그들의 결점에만 초점을 맞춘 냉소적인 사고인 경우가 종종 있다.

한 예로 미국 독립전쟁 당시 애국자들이 모인 군대를 이끈 장군이자 미국의 초대 대통령이기도 한 조지 워싱턴은 새로운 조국을 건설하기 위해 전장에 나가 싸우는 동안 엄청난 희생을 치렀다. 그러나 다른 한편으로 그는 노예 소유주이기도 했다. 노예제도는 물론 커다란 죄악이다. 이 문제에는 논쟁의 여지가 없다. 하지만 미국이라는 나라를 세우기 위해 조지 워싱턴이 한 모든 희생과 공헌을 생각하면 그는 위대한 인물이자 미국인이 흠모할 만한 영웅이 아닌가? 그가 노예를 소유한 전적 때문에 영웅으로 칭송받을 자격을 상실했다고 대답하는 사람은 가파르고 미끄러운 비탈길에 서 있다고 할 수 있다. 그것이 얼마나 가파르고 미끄러운지 머지않아 알게 될 것이다.

유대교, 기독교, 이슬람교 신앙은 모두 아브라함(Abraham)이라는 공통의 족장을 섬긴다. 신앙심이 두터운 사람들은 아브라함이 유대인과 아랍인의 조상이며 하느님과 직접 대화한 적이 있다고 믿는다. 이들 종교가 받드는 신성한 책에는 아브라함이 노예를 소유했다는 내용도 나온다. 사실 그는 이 노예들 가운데 한 여인과의 사이에서 아이도 낳았다.

그렇다면 우리가 냉소적 사고라고 하는 사고방식을 지닌 이들이 생각하기에 20억 명이 넘는 유대교, 기독교, 이슬람교 신지들은 아브라함이 노예를 소유했다는 이유로 자신들의 장로와 인연을 끊고 신앙을 포기해야만 할까? 그 대답은 자명하다. 우리가 이런 종교를 믿든 믿지 않든 간에 아브라함이 노예를 소유했기 때문에 유대교도, 기독교도, 이슬람교도의 존경을 받을 자격이 없다고 생각하는 것은 터무니없는 일이다.

영웅에 대한 요구와 비판적 사고에 대한 요구를 해결할 수 있는 열쇠는 '균형 잡힌' 교육이다. 과학과 경영 업무 전반에 걸친 공헌이 오늘날까지 강력한 영향을 미치는 보스턴 컨설팅 그룹(Boston Consulting Group)의 설립자 브루스 헨더슨(Bruce Henderson)에게 바쳐진 송덕문이 떠오른다.

그는 대하기 편한 사람은 아니었다. 지금도 생생하게 떠오르는 옛시절의 기억은 영리한 젊은이들이 주기적으로 내 사무실에 들어와 이렇게 말했다는 것이다. "그 사람이 제게 어떤 짓을 했는지 아세요?" 그들이 누구를 말하는지는 물을 필요도 없었다. 나는 이들에게 모두 똑같은 대답을 해주었다. "이봐, 브루스를 평범한 사람이라고 생각해서는 안 돼. 브루스는 뛰어난 인물이라고. 그의 장점도 단점도 결코 작지 않지. 다행히 그의 장점이 단점을 압도하니까 망정이지 그렇지 않았다면 아무도 남아날 사람이 없었을 걸."

이는 모든 위대한 사람에게 다 적용되는 얘기다. 우리처럼 그들도 장점과 단점을 수없이 가지고 있었다. 고맙게도 우리는 대부분 단점보다는 장점이 많은 상태로 삶을 마감하게 될 것이다. 우리의 영웅들은 단지 그 규모가 우리보다 더 클 뿐이다. 우리가 아이들에게 가르치고 또 우리 스스로도 계속해서 상기해야 하는 점이 바로 이것이다.

영웅들이 발휘한 놀라운 용기뿐만 아니라 그들의 인간적인 약점도 우리에게 안도감을 선사한다. 그들의 약점은 우리도 결점 때문에 위대한 일을 할 자격이 없는 것은 아니라는 사실을 증명한다. 우리도 숭고한 목표를 위해 기꺼이 헌신한다면 얼마든지 영웅이 될 수 있다. 이것은 충성의 정점, 즉 많은 이들을 하나로 결합하는 대의를 위한 한 사람의 헌신을 나타낸다. 이것은 영웅의 기본적인 자질이다. 또 결국 충성이 중요한 위치를 차지하는 이유이기도 하다. 그리고 우리는 누구나 이 위치에 도달할 수 있다.

충성이 있는 사회

철학자가 왕이 되기 전까지…… 도시들은 결코 문제에서 벗어나지 못 할 것이다.

– 플라톤(Platon), 《국가론(The Republic)》 〈공화국〉 제5권

지난 400년 동안 세계와 그 안에 있는 우리 위치에 대한 시각에 가장 큰 변화가 일어났다. 과학은 우주 전체와의 관계에서 우리 고향 행성이 차지하는 중요성을 가차 없이 축소시켰다. 먼 옛날 인간의 조상은 하늘을 바라보면서 지구가 우주의 중심이라는 확신을 품을 수 있었다. 갈릴레오 덕분에 지구는 은하계 '우주' 안에 있는 태양계의 세 번째 행성으로 지위가 격하되었다. 그리고 20세기에 에드윈 허블 (Edwin Hubble)이 연구한 뒤로 지구는 무한히 많은 듯한 은하계 안에서 궤도를 선회하는 무한히 많은 행성들 가운데 하나로 전락했다.

역설적인 얘기지만 우주와의 관계에서 바라본 세계에 대한 인식이 거의 눈에 띄지도 않을 만큼 미세한 크기로 줄어드는 동안 개인의 중요성에 대한 인식은 거의 무한대로 확장되었다. 21세기에는 개인의 권리가 가장 강력한 힘을 발휘했다. 독립은 거의 모든 성인이 바라는 목표다. 그리고 개성의 표현이 사기 이미지를 규정한다.

개인의 중요성에 대한 믿음은 이미 정점에 올라서 있다. 한 사람, 한 사람이 다 중요한 존재라는 것은 당연하다. 우리는 소중하다! 그리고 비록 일부 기업에서는 몇몇 사람들만 골라 VIP로 분류하지만 실제로는 우리 모두 매우 중요한 사람들이다!

자기 스스로 귀중한 존재로 여기는 것은 전혀 잘못된 일이 아니다. 그것이 사실이니까! 그러나 자존심과 자아도취 사이에는 엄청난 차이가 있다. 자아도취에 빠진 사람은 자기가 편한 대로 자신에 대한 충성이 최고의 충성이라고 정의하지 않는 한 충성의 가치를 평가 절하한다. 철학 교수 도널드 드 마르코(Donald De Marco)의 주장처럼 "자신에 대한 충성이 최고의 충성이라고 말하는 이는 결코 자기 자신을 넘어설 수 없다. 따라서 충성의 본질적인 요소를 보지 못하게 된다. 자기 자신에게 충성하는 것은 미덕이 아니다."

충성이 있는 사회에서 내 역할

인간은 외딴 섬이 아니다. 사실상 거의 모든 인간이 공동체 안에서 살아간다. 극소수를 제외하면 다들 공동체와 단단히 결합되어 있다. 그러니 아무리 개인주의적인 관점을 지닌 사람이라도 거대한 사회 유기체의 일부로 존재하게 된다. 시카고대학교의 저명한 존 카시오포(John Cacioppo) 교수는 이렇게 말했다. "의미 있는 사회적 관계에 대한 요구와 그것이 없을 때 느끼는 고통이 인간이라는 종의 특징을 정의한다."

개인적인 철학이 사회적 단결을 강조하든 아니면 개인의 자유를 중시하든 상관없이 자유 사회에 살기 위해서는 이 두 가지를 동시에 달성해야 할 의무가 있다. 철학자들은 집산주의와 비교해 개인주의의 장점이 무엇인지와 둘 사이의 연속체에서 발견되는 모든 중요한 국면에 대해 오랫동안 논쟁을 벌여왔다. 그러나 개인주의와 집산주의라는 개념은 그 자체로는 매우 뚜렷한 관점을 가지고 있지만 그렇다고 해서 두 가지가 반드시 충돌해야 할 필요는 없다. 사회학자 아미타이 에치오니는 말했다. "누구나 자치의 장점과…… 사회 질서의 기준…… 그리고 세심하게 조정된 둘 사이의 균형이 필요하다는 사실을 깨닫게 된다."

개인인 우리는 자기가 생에서 이루고자 하는 모든 꿈은 타인과 관계를 맺으면서 실현된다는 사실을 꼭 기억해야 한다. 어디에서든 혼자서는 결코 성공할 수 없다. 19세기 칼럼니스트 조지 매슈 애덤스(George Matthew Adams)가 썼듯이 "'자력으로 성공한' 사람 같은 것은 존재하지 않는다. 우리는 수천 명에 이르는 타인의 힘으로 이루어졌다. 우리에게 친절하게 행동하거나 격려의 말을 해준 적이 있는 사람이라면 누구나 성격과 사고를 형성하는 데 기여하고 성공에도 영향을 미치게 된다."

사람들은 대부분 이런 사실을 알고 있다. 그러나 공동체 구성원들에 대한 개인적인 충성에서 우러난 행동이 실제로는 공동체의 본질에까지 영향을 미친다는 사실은 알아차리지 못하는 경우가 많다. 카시오포 교수는 자신이 쓴 《고독(Loneliness)》이라는 책에서 겉으로는 사소해 보이는 타인과의 긍정적인 관계가 우리 행복은 물론 우리와 관계를 맺은 이들의 행복에 극적인 변화를 가져오고, 우리가 사는 공동체까지 변화시킨다는 증거를 설득력 있게 제시했다.

여러 가지 면에서 우리는 고전 영화 〈멋진 인생(It's a Wonderful Life)〉에서 지미 스튜어트(Jimmy Stewart)가 연기한 조지 베일리(George Bailey)와 닮았다고 할 수 있다. 이 영화에서는 천사가 등장해 낙심하고 자포자기한 베일리에게 그가 세상에 태어나지 않았더라면 그가 사는 소도시의 삶이 어떠했을지 보여준다. 이 대체 현실 속에서 베일리의 고향 베드포드 폴스는 악몽같이 변한다. 그가 평소 접촉하던 이들과 사랑하던 이들이 낙담에 빠져 살아가고 개중에는 죽는 사람까지 생긴다. 베일리는 가족과 친구, 공동체 전체에 대한 그의 충성으로 생겨난 누적 효과가 베드포드 폴스의 흐름을 극적으로 바꿔놓았다는 사실을 깨닫는다. 베일리는 참으로 멋진 삶을 살았고 다른 이들도 그런 멋진 삶을 살 수 있도록 도와주었던 것이다.

이것은 단지 영화일 뿐이지만 기본적인 메시지는 현실과 다르지 않다. 우리가 생에서 하는 일들은 중요하다. 우리가 개인적으로 하는 행동이 계속해서 사회적 환경을 변화시킨다. 물론 직장에는 거대한 힘(경제적·정치적 힘 등)이 작용하지만 우리도 완전히 무력한 것은 아니다. 카시오포 교수의 말처럼 "우리는 모두 각자 개인적인 행동으로 어느 정도 힘을 발휘하는데, 이 힘은 사회적 환경을 끊임없이 조정하면서 어떤 것은 좀 더 낫게 만들고 어떤 것은 좀 더 악화시킨다."

따라서 누구나 다 이런 힘을 가지고 있다고 가정한다면 사회적 환경이 좀 더 나은 방향으로 발전하도록 행동할 책임 또한 모두에게 있는 셈이다. 이것은 공동체의 충성스러운 일원인 우리가 져야 할 의무다. 물론 개인의 권리는 그 누구도 부정할 수 없다. 그러나 더 나은 세상을 만들어나가야 하는 책임도 그에 못지않게 중요하다.

좋은 소식은 이런 단순한 철학이 실제 우리에게 도움이 된다는 것이다. 연구 결과 다른 이들을 도우면 기분이 좋아지며 이런 기분은 돕는 행위가 끝난 뒤에도 한참 동안이나 지속된다는 사실이 확실히 밝혀졌다. 우리가 실시한 연구는 공동체 참여 수준에 따라 삶에 대한 만족도가 현저히 높아진다는 사실을 명확하게 보

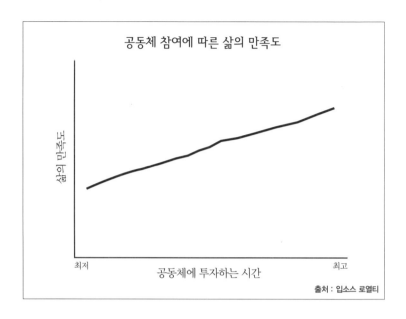

공동체 참여에 따른 삶의 만족도

삶의 만족도

최저   공동체에 투자하는 시간   최고

출처 : 입소스 로열티

여준다.

충성을 드러내는 행동이 반드시 어마어마한 것일 필요는 없다.
사실 그런 경우는 거의 없다고 봐야 한다. 그저 친절과 배려에서
우러난 간단한 행동으로 비공식적이고 짧은 관계라도 상관없이 타
인과 관계를 맺음으로써 우리 모두 중요한 존재라는 사실을 증명
하기만 해도 이것이 공동체와 우리 자신에게 심오한 영향을 미치
게 된다. 아주 작은 노력으로도 이런 거대한 보상을 받을 수 있다
고 생각하면 누구나 의심 없이 이 일에 참여할 것이다. 우리는 그
일을 자진해서 하기만 하면 된다.

충성이 있는 사회에서 미디어의 역할

20세기 말이 되면서 서구 사회의 전통적인 사회적 네트워크가 눈에 띄게 약해졌다. 로버트 퍼트넘(Robert Putnam)은 《나 홀로 볼링(Bowling Alone)》에서 20세기 후반부에 빚어진 가족, 이웃, 공동체, 국가와 맺는 사회적 관계의 악화를 연대순으로 기록했다. 살면서 사회적 상호작용을 하는 일이 갈수록 줄어들고 있다. 이 책 제목은 그런 관찰 결과를 예증한다. "볼링을 하는 미국인의 수는 과거 어느 때보다 많아졌지만 여럿이 함께하는 리그 볼링을 즐기는 이들의 수는 크게 줄어들었다."

퍼트넘은 우리 사회 구조가 닳아 해진 가장 큰 이유는 전자 미디어의 '개인화' 속성 때문이라고 했다. 그는 "전자 기술의 발달로 이렇게 수작업으로 만든 엔터테인먼트 콘텐츠를 개인적인 공간에서, 심지어 완전히 혼자 소비할 수 있게 되었다. 20세기 중반까지만 하더라도 저렴한 엔터테인먼트 소비는 주로 야구 경기장, 댄스홀, 영화관, 놀이공원 같은 공공장소에서만 가능했다……. 시인 T. S. 엘리엇(T. S. Eliot)이 텔레비전 시대 초창기에 한 말처럼 '이것은 수백 만 명이 동시에 같은 농담에 귀 기울이면서도 여전히 외로움을 느끼게 하는 엔터테인먼트 매체다'"라고 한탄했다.

오늘날 사람들은 전자 매체를 매개로 다른 사람들과 관계를 맺으면서도 완전히 익명의 존재로 남아 홀로 지낼 수 있는 기회가 엄청나게 많은 것이 사실이다. 심지어 가상의 아내와 직장, 주택담보 대출 등을 갖춘 가짜 신분을 만들어낼 수도 있다. 실제 세계에서는 사이버 세상에 빠진 이의 살아 숨 쉬는 아내가 한숨을 쉬며 말한다. "이 가상 세계는 정말 멋져요. 실생활보다 낫죠. 살이 쪄서 고민하는 사람도 없고 머리가 하얗게 세는 사람도 없어요. 그러니 이곳에 있는 사람은 도저히 겨룰 방법이 없는 거예요." 그것이 현실이기만 하다면 얼마나 좋을까!

다행히 대다수 사람들은 가상 세계와 현실의 경계를 알고 있다. 그러나 자신의 독특한 욕구를 만족시키는 능력 때문에 개인적인 삶의 분열이 심화되고 있다. 딜로이트(Deloitte)에서 실시한 연구결과 이런 보고가 나왔다. "최근 미디어의 형태와 채널수가 폭발적으로 늘면서 사람들이 콘텐츠를 소비하는 방식이 바뀌고 대중 시장이 점점 더 작게 쪼개지고 있다……. 이 덕분에 시청자들이 갈수록 분산되는 분열세계가 되어버렸다."

게다가 이런 분열은 비사교적인 생각을 부추긴다. 거의 모든 사상을 주제로 한 콘텐츠를 제공하는 미디어의 능력은 곧 사회의 소수 과격파들을 위한 콘텐츠에도 쉽게 접근할 수 있다는 것을 의미한다. 뉴욕 시 경찰국에서 실시한 연구에 따르면 "인터넷은 급진주의자로 변하는 과정에서 추진자 겸 방조자 구실을 한다……. 또 익명성을 유지할 수 있는 가상의 모임 공간, 즉 생각이 같은 가상 조직들과 사회와 갈등을 겪는 개인들이 만나 가상의 관계를 형성하고 그들이 맞닥뜨린 메시지를 논의하거나 공유할 수 있는 장소로도 기능한다."

사회적 네트워크가 쇠퇴한 주요 원인이 현대적인 전자 미디어의 개인화 속성 때문인가 아닌가는 확실히 논란의 여지가 있다. 그러나 현재 상황을 그대로 받아들이자. 우리는 아이팟(iPod)이나 위성텔레비전, 라디오, 다른 동료들에 대한 성실한 태도가 명확하게 표현될 뿐만 아니라 충족감까지 안겨주는 결속력 강한 사회에서 살기 위한 인터넷 접속 등을 모두 포기해야 할까? 많은(또는 대부분) 이들에게 기술적으로 단순했던 시대로 돌아가자는 생각은 받아들이기에 너무 가혹한 조치처럼 느껴진다.

그러나 이런 전자적 복잡함이 미치는 영향을 완화하지 않는다면 가장 기본적이고 공통된 인간성이 위험에 처할 수 있다는 사실을 알아야 한다. 개인적 상호작용의 수준과 한 시민으로서 사회적 자아 사이에는 분명한 연관관계가 있다. 150년도 더 지난 그때 알렉시스 드 토크빌이 논평한 것이 지금도 사실처럼 들린다.

사람들이 더는 확고하고 영속적인 방식으로 단결하지 않는다면 꼭 도움을 받아야 하는 이들을 설득해 그들이 자진해서 다른 이들과 함께 노력할 경우 그의 개인적인 이해관계에도 도움이 된다는 확신을 심어주지 않는 한 많은 이들이 협력해서 일하도록 설득하는 일은 불가능하다. 수천 명의 머릿속에 동시에 같은 사상을 심어줄 수 있는 유일한 방법인 신문의 도움을 받는 것 외에는 이것을 해낼 수 있는 일반적이고도 편리한 방법은 없다.

토크빌은 한때는 시민의 충성이 미디어를 통해 접하던 뉴스와 연계되어 있었다는 사실을 일깨워준다. 안타깝게도 오늘날 뉴스는 신용도에 따라 움직이고, 정치적 이데올로기로 걸러지며, 생각이 같은 유권자들을 대상으로만 살포되는 경우가 많다. 따라서 '수천 명의 머릿속에 동시에 같은 사상을' 심어주는 대신 요새는 이미 그 사상을 믿고 있는 이들을 대상으로 하는 다양한 사상을 동시에 전달한다. 우리는 이제 공동체 전체와 상호작용하기를 포기하고 우리와 의견이 일치하는 일부분과만 상호작용한다.

미국의 헌법 제정자들은 자유 사회에는 자유로운 언론이 필요하다는 강한 신념을 가지고 있었다. 토머스 제퍼슨이 한 유명한 말 가운데 "신문이 없는 정부와 정부가 없는 신문 중에서 하나를 택해야 하는 상황이 온다면 나는 주저 없이 후자를 택할 것이다"라는 것이 있다. 그러나 제퍼슨은 이런 말도 덧붙였다. "그러나 한편으로는 모든 이들이 그 신문을 받아볼 수 있고 또 읽을 수 있어야 한다는 뜻이다."

수정헌법 제1항은 언론의 자유를 인정한다. 비록 모든 국가가 헌법으로 언론을 보호하지는 않지만 서구 국가들은 기자들이 진실을 밝히고 보도할 수 있도록 언론 기관에게 상당한 자유를 허용한다. 그러나 모든 권리에는 책임이 따르게 마련이다. 자유 언론은 국민에 대한 신의를 전제로 한다. 그러려면 대중이 공개적이고 솔직한 정치적 담론을 나눌 수 있는 토론의 장을 제공해야 한다.

그러므로 많은 미국인이(특히 45세 이하) 언론의 의무를 충실하게 지키는 것은 〈데일리 쇼〉나 〈콜버트 리포트(The Colbert Report)〉 같은 패러디 뉴스 프로그램뿐이라고 생각한다는 것은 참으로 아이러니하다. 언론의 가장 중요한 책임은 진실을 통해 '사실에 근거하지 않고 자신이 믿고 싶은 것만 진실로 받아들이려는 성향(truthiness)'에 도전하는 것이다(트루시니스(truthiness)는 〈콜버트 리포트〉에 나오는 가짜 보수주의자 앵커 스티븐 콜버트(Stephen Colbert)가 대중화한 용어로, '진실이라고 알려진 개념이나 사실보다 자기가 진실이기를 바라는 개념이나 사실을 선호하는 특성'으로 정의된다). 프로그램에 등장하는 모습에서 벗어나 평소 모습으로 진행된 한 인터뷰에서 콜버트는 이렇게 한탄했다.

트루시니스가 우리나라를 분열시켰다……. 이는 무엇이 진실인지 문제 삼지 않는다. 예전에는 누구나 자기 의견에 대해서는 권리가 있어도 어떤 사실에 대해서는 그렇지 않았다. 그러나 이제는 상황이 완전히 달라졌다. 사실 자체가 중요성을 상실한 것이다. 인식이 핵심이 되었다. 이것이야말로 확실한 진리다……. 중요한 것은 어느 쪽인가? 여러분이 진실이기를 바라는 것인가 아니면 진실인가?

그렇다면 등식의 어느 항이 변했는가? 어째서 사람들은 입증 가능한 진리보다 자신의 직감을 더 적극적으로 받아들이게 되었는가? 이런 형태의 편향된 미디어는 과거에도 늘 존재했다. 그러나 요즘에는 지적으로 정직한 토론이 매우 부족하다. 뉴스에 등장하는 토론은 미리 짠 것이라 토론의 진정한 본질이 망가진 상태다. 보수 진영이나 진보 진영의 대표들도 고작 당 강령만 되풀이할 뿐이라 시민들의 정당한 관심사에 귀 기울이거나 이를 진지하게 논의하지는 않고 서로 과거 얘기나 한다. 그러니 공개적이고 공적인 담론이라는 개념은 어느덧 사라지고 '트루시니스'가 걷잡을 수 없이 확산되고 있다. 제퍼슨의 말을 다시 인용해보자.

어떤 실험도 우리가 지금 시도하는 이 일보다 흥미로울 수는 없다. 이것을 통해 결국 인간은 이성과 진리의 지배를 받는다는 사실이 증명될 것이라 믿는다. 따라서 인간이 진리로 통할 수 있는 모든 길을 열어놓는 것이 우리의 첫 번째 목표가 되어야 한다. 지금까지로 볼 때 가장 효과적인 길은 언론의 자유다.

다시 말해 제퍼슨은 언론이 우리의 자유를 보장해주는 중요한 수단이라고 생각했다. 그리고 토크빌의 말처럼 이것은 개인의 권리를 유지하는 동시에 공동체에 대한 우리의 충성을 보장할 수 있는 중요한 수단이기도 하다.

따라서 언론은 자유를 유지하고 국민의 충성심을 키우는 중요한 책임이 있음을 인지하고, 막강한 힘을 발휘해 국민에게 정직한 담론을 제공해야 한다. 그리고 무엇보다 이 일을 적극적으로 수행해야 한다.

충성이 있는 사회에서 정부의 역할

5월 1일은 미국의 공식적 휴일인 충성의 날이다. 흥미롭게도 미국인은 대부분 이런 사실을 모른다. 충성의 날은 공산주의자들이 러시아혁명을 기념하는 것에 대응해 1921년 '미국화의 날'로 시작되었다. 1958년 미국 국회는 충성의 날을 공휴일로 지정했고 드와이트 D. 아이젠하워(Dwight D. Eisenhower) 이후 아이러니컬하게도 리처드 닉슨(Richard Nixon)을 제외한 모든 미국 대통령은 통치 기간의 어느 시점에 충성의 날 성명서를 발표했다. 그러나 대통령들까지 나서서 이 공휴일을 떠들썩하게 치켜세우는데도 미국인은 별로 관심을 기울이지 않는다. 하지만 정치적 연합이나 이데올로기와는 별개로 미국 대통령들은 국가적 충성을 공식적으로 확언하는 것이 좋은 일이라고 일관되게 생각했다.

충성이 국가 세력을 지속적으로 유지하고 민주주의의 성공에 중요하다는 사실을 인정하여 국회는…… 매년 5월 1일을 '충성의 날' 로 정했다. 나는 미국인이 이 나라를 우리의 사랑과 충성을 받기에 적합한 훌륭한 나라로 만든 모든 이들의 용기와 이타주의를 기억하면서 이에 어울리는 애국적 프로그램과 의식, 활동을 통해 충성을 표현하도록 촉구하는 바다.

- 빌 클린턴, 미국 42대 대통령

30년 가까운 세월 동안 미국인은 5월 1일을 충성의 날로 경축했다. 이날은 우리가 사는 자유의 땅에 대한 충성심을 다시금 확인하고, 미국에 대한 충성심으로 자유를 지켜낸 동포 세대를 기억하며 자부심과 감사에 젖는 날이다. 우리 조국에 충성하는 것은 곧 자유와 정의의 유산을 영원히 충실하게 지킨다는 의미다.

- 로널드 레이건(Ronald Reagan), 미국 40대 대통령

어떤 이들은 충성의 날이라는 개념 자체가 경외심을 불러일으키기보다는 우스꽝스럽다고 생각하기도 하지만 미국인은 대부분 자기가 조국에 충성을 다한다고 생각한다. 그러나 이런 충성은 유별난 것이 아니다. 지구상에 사는 수십 억 인구는 자기가 자기 조국에 강렬한 충성심을 품고 있다고 생각한다. 우리는 여기서 일부러 '국가' 와 '정부' 를 구별했다.

'국가'라는 개념은 단순한 영토 개념을 훨씬 뛰어넘는다. 국가는 그곳에 사는 국민, 그들의 이상과 문화, 생활 방식 등으로 이루어진다. 이것은 국민이 각자 머릿속에 그리는 모습이자 자기 조국이라는 거대한 개념을 바라보는 방식이기도 하다. 반면 '정부'라는 개념은 단순히 해당 국가의 업무를 이상적인 형태로 관리하기 위해 (대개) 선거로 선출된 사람들의 집단을 뜻한다.

그러나 미국 독립전쟁이 증명하듯 국가에 대한 충성과 정부에 대한 충성은 결코 같지 않다. 미국 헌법 제정자들은 아직 태어나지도 않은 조국을 위해서는 자신의 모든 것을 기꺼이 내걸었지만 자신들을 지배하던 영국 군주제에는 진저리를 쳤다. 따라서 마크 트웨인(Mark Twain)의 주장처럼 "국가에 대한 충성은 영원하지만 정부에 대한 충성은 그들이 충성을 받을 만한 가치가 있을 때만 충성한다."

마크 트웨인의 말은 미국 독립선언서의 가장 명확하고 심오한 원칙 가운데 하나인 합법적 정부는 피통치자의 동의로 권력을 얻는다는 내용으로 주의를 돌리게 만든다. 그리고 이런 정부에 동의하는 것은 국민이 '평등하게 창조'되어 '생명, 자유, 행복추구'를 위한 권리를 보장받을 기회가 주어질 때 비로소 가능하다. 국민의 충성심(복종과는 반대되는 개념)을 얻고자 하는 모든 정부의 근본적인 책임이 바로 이것이다.

"동등한 법이 동등한 권리를 보호하는 것······ 이것이 국가에 대한 충성과 사랑을 보장하는 최선의 방법이다."

- 제임스 매디슨, 미국 4대 대통령

"사회 전체의 행복은 정부의 최종 목표다······. 이런 원칙을 기반으로 안심과 위안, 안전, 한마디로 최대 다수에게 최고의 행복을 안겨주는 정부 형태가 생겨나는 것이 가장 바람직하다."

- 존 애덤스, 미국 2대 대통령

정부는 자신들에게 합법적인 권력을 부여하는 국민에 종속되어 그들에게 충성할 의무가 있다. 국민에 대한 정부의 의무를 다룬 글은 매우 많지만 정치 지도자들을 평가하는 기준에 대한 존 F. 케네디(John F. Kennedy)의 독백보다 더 감동적으로 요약된 내용은 찾기 힘들다.

훗날 역사의 대법원이 우리를 재판할 때 짧은 재임 기간에 국가에 대한 책임을 완수했는지 여부를 기록하면서 우리가 어떤 관직에 있었든지 관계없이 다음과 같은 네 가지 질문에 답변하며 우리의 성공과 실패가 판가름 날 것이다.

첫째, 우리는 진정 용기 있는 사람이었는가? 적에게 용감히 대항할 뿐만 아니라 필요한 경우 동료들에게까지 맞설 수 있는 용기, 개인적 탐욕뿐 아니라 대중의 압력에까지 저항할 용기가 있었는가?

둘째, 우리는 올바로 판단했는가? 과거와 미래에 대한 통찰력 있는 판단, 타인의 실수뿐 아니라 자기 자신의 실수에 대한 정당한 비판 능력 그리고 자신이 몰랐던 내용을 깨달을 수 있는 지혜와 이것을 인정할 솔직함을 갖췄는가?

셋째, 우리는 청렴했는가? 우리가 믿는 원칙이나 우리를 믿어준 사람들과 한 약속을 절대 깨뜨리지 않고, 금전적 이득이나 정치적 야심 때문에 거룩한 신뢰를 저버리지 않는 그런 사람이었는가?

마지막으로, 우리는 헌신적 인간이었는가? 한 개인이나 집단에 명예를 저당 잡히지 않고, 사적인 의무나 목표를 공사에 개입하지 않으면서 오직 공익과 국가의 이해를 위해서만 모든 노력을 다했는가?

케네디는 우리가 선출 공무원들에게 기대하는 바를 확실하게 요약했다. 모든 정치가는 그들이 공직의 길을 선택했을 때 사람들이 그들에게 거는 기대가 바로 이것이라는 사실을 잘 알고 있다. 그러므로 정치적 지도자들이 이 기준을 충실히 지키는가는 그들이 봉사하겠다고 맹세한 국민에 대한 충성도를 판단할 수 있는 척도가 된다.

정부의 부족함 때문에 국민이 진절머리를 내는 경우가 많다. 그러나 그들은 '우리'의 정부다. 국민에게 충성 의무를 다하는 정부라고 하면 매우 이상적인 정부처럼 들리지만 사실은 그렇지 않다.

이것은 정부가 지켜야 할 최소한의 의무일 뿐이다. 우리가 나라에 충성하려면 이 정도는 필요하다. 그리고 그 수준 이상을 요구하는 것은 나라를 위한 애국적인 충성의 의무다.

행복을 추구하는 최고의 방법

여러 문화권의 경전이나 신화를 보면 인간이 한때 전쟁도 없고 모든 필요가 충족되며 인간과 자연이 조화롭게 공존하는 세상에서 유토피아적인 생활을 영위했다고 생각했다는 것을 알 수 있다. 그러나 어느 순간엔가 낙원은 사라졌다. 유대교, 기독교, 이슬람교의 전설은 인간으로서 우리가 지닌 결점 때문에 결국 에덴에서 추방된 것이라고 주장한다.

그렇지만 이상적인 사회에 대한 소망은 결코 사라지지 않았다. 역사상 위대한 지성 가운데 다수가 우리가 어떻게 살아야 하는지를 놓고 고민했다. 그리고 이것이 철학과 윤리의 초석이 되었다.

플라톤의 《국가론》을 보면 소크라테스(Socrates)가 완벽한 사회에 대해 곰곰이 생각한 끝에 결국 철인왕의 지배를 받기 전까지는 우리 사회가 항상 문제를 겪을 것이라는 결론을 내렸다는 이야기가 나온다.

그렇다면 이런 완벽한 사회의 비전과 충성이 어떻게 조화될 수 있을까? 플라톤은 고결한 사람들만이 충성할 수 있으며 충성은 진정한 철학에 없어서는 안 될 요소라고 믿었다. 하지만 사회에서 드러나는 충성에 대한 철학적 관점보다 더 중요한 문제는 그것이 실제 함축하고 있는 의미다. 모든 사회의 영속성은 그곳에 사는 사람들의 시민 정신에 의존한다. 그렇기 때문에 충성은 결속력이 강한 모든 공동체의 토대가 된다. 따라서 타인과 유대가 깨지면 사회 전체에 심각한 결과를 미치게 된다.

사람들 사이의 관계가 붕괴되는 바람에 우리 사회가 직면한 심각한 문제들 가운데 일부가 한층 더 악화되었다는 생각에 반론을 제기할 사람은 거의 없을 것이다. 갈수록 개별화되는 문화 속에서 많은 이들이 느끼는 고립감이 수많은 문제를 야기한다.

가장 극단적인 예로 고독감과 고립감은 사회에 적의를 품게 만든다. 그리고 이런 분노 때문에 긴밀하고 충성스러운 관계를 구축하기가 더욱 어려워진다. 매우 드문 사례이기는 하지만 이런 적의가 끓어 넘쳐 사회 전체를 대상으로 끔찍한 일을 저지르는 경우도 있다.

물론 사회적으로 고립된 대다수 사람들은 반사회적 이상 성격자로 변하지 않는다. 그러나 고립감이 고통을 유발하는 것은 분명하다. 이들은 불면증이나 우울증, 알코올중독 등으로 고생하고 때로는 자살에 이르기도 한다.

그리고 비록 위의 사례가 사회 전체에 적용되지는 않는다 해도 사회적 고립은 육신까지 병들게 한다. 연구 결과 고독감에 시달리는 사람들은 면역 체계의 기능이 약화된다고 한다. 또 최소한 내면적인 부분에서는 남들보다 노화 속도도 더 빠르다.

사회에 미치는 경제적 영향도 엄청나게 충격적이다. 우리의 건강과 행복이 이렇게 손상된 이유가 충성이 감소한 결과가 아니라 공기나 물의 오염에 따른 것이라면 대중은 정부가 조치를 취하도록 요구하면서 이런 오염의 원인이 되는 개인행동을 비난했을 것이다. 그 중요성을 생각하면 충성이 쇠퇴하는 문제도 똑같이 진지하게 다룰 필요가 있다. 카시오포 교수는 이런 글을 썼다.

어쩌면 엄격한 과학을 근거로, 사람들 사이의 유대감을 회복하는 것이 보건 의료와 노인 의료 분야에 닥쳐오는 위기를 비롯해 가장 심각한 사회문제 가운데 일부를 해결할 수 있는 비용 효과적이면서도 실용적인 조치라는 사실을 깨달을 것이라고 기대할 수도 있다.

충성이 있는 사회가 필요한 이유를 생각해보면 이것이 최종적인 결론이다. 친구나 가족, 학교, 신앙, 정부를 통해 타인과 건설적인 유대를 맺음으로써 공동체와 우리 자신의 삶을 개선할 수 있다. 이것은 우리 모두 함께 내는 사회적 목소리다. 그러나 이것이 가능하려면 서로 의무를 다하는 것이 예전처럼 사회적으로 중요한 우선순위를 차지해야 한다.

충성은 실용적이거나 이기적인 자기 보존 본능을 훨씬 뛰어넘는다. 이것은 우리의 인간성과 관련된 문제다. 이것은 자신의 감정적·육체적 건강을 강화하기 위해 노력하면서 사회적 건전성까지 보장하는 일이다. 이러한 사회적 충성심을 키우고 유지하는 것은 우리 모두의 책임, 그러니까 정부, 언론, 제도 그리고 가장 중요한 동료, 시민들의 책임이다. 그래야 우리의 안전을 보장받을 수 있다. 그리고 이것은 생명, 자유, 행복을 추구하는 최고의 방법이다.

업그레이드된 충성

충성은 인종, 종족, 계급, 국가를 초월해야 한다.

– 마틴 루터 킹 주니어

어떤 사람이나 실체, 대의를 위해 내놓을 수 있는 가장 소중한 물건은 돈이 아니라 바로 우리 자신이다! 세상에 인간의 의지보다 강력한 것은 없고, 인간의 영혼보다 소중한 것도 없다. 우리는 충성을 통해 말 그대로 소중한 의지와 영혼을 바쳐 혼자 힘으로 이룰 수 있는 것보다 훨씬 거대한 무언가를 만들어낸다.

따라서 충성은 우리가 어떤 사람이 되고자 하는지 알려주는 징후이며 성격의 토대다. 충성은 우리가 소중히 여기는 것, 믿는 것, 꿈꾸는 세상의 모습을 설명한다. 그러나 성격의 모든 측면이 그러하듯이 진정한 충성에도 희생이 요구될 때가 있다. 전 교육부 장관 윌리엄 베넷(William Bennett)의 말처럼 "진정한 충성은 불편함을 참아내고 유혹을 이기며 비난 앞에서도 움츠러들지 않는다." 충성을 다하려면 계획적인 노력과 꾸준한 실천, 의식적인 참여가 필요하다. 정치컨설턴트 제임스 키빌은 이렇게 물었다. "날마다 어떤 일을 하는가? 매일의 삶에 충실하기 위해 어떤 길을 택했는가?"

이런 질문을 진지하게 생각해본 사람은 거의 없을 것이다. 오히려 미친 듯이 빠르게 돌아가는 일상생활에서 우리를 서로 연결해주는 충성이 부식된 상태다.

하지만 다른 사람과 유대를 맺으려는 의식적인 노력 없이 우연히 충성심이 싹트는 일은 없다. 우리는 태어날 때부터 충성스러운 존재가 아니다. 충성은 인간의 본능이 아니라는 얘기다. 오히려 충성스러운 인간이 되는 법을 학습해야 한다. 충성은 우리가 살면서 선택한 것들을 낱낱이 보여준다. 그리고 우리는 날마다 새로운 충성 대상을 선택한다. 비록 자신은 그 사실을 깨닫지 못하지만 말이다. 이런 결정은 어떤 관계든지 간에 그 관계를 유지하려는 욕구를 반영하고 또 그것에 영향을 미친다.

이 결정 가운데 영원히 기념할 만한 것은 얼마 되지 않는다. 대부분 기억할 가치조차 없다. 이러한 선택은 우리가 날마다 충실하게 수행하는 수백 가지 일을 나타낸다. 그것들이 없다면 세계는 제대로 기능하지 못할 것이다.

충성에 대한 이런 결정이 하찮아 보일 수도 있지만 전체적으로 봤을 때는 극히 중요한 것들이다. 우리는 그것을 통해 충성 기술을 익힌다. 또 세상 전체를 생각할 때 우리가 사는 공동체의 본질을 결정하는 것은 그렇게 사소하면서도 무수히 많은 충성스럽거나 불충한 행동이다.

따라서 충성이 삶의 중요한 부분이 되려면 자신이 내린 결정이 어떤 결과를 낳는지 알아야 한다. 또 충성스러운 삶을 살기 위해서는 자기가 타인에게 바치는 공식적·암묵적 헌신을 인정할 필요가 있다. 그리고 그 헌신을 유지함으로써 서로 유대를 공고히 할 수 있도록 신중하게 선택해야 한다.

물론 타인과 충성스러운 관계를 맺기 위해 실제로 접근하는 대신 이런 개념을 '서로 잘해야 한다' 같은 진부한 말로 바꿔 표현하는 것은 쉬운 일이다. 이런 형이상학적 개념을 현실적인 방안으로 변화시키는 데 도움이 되도록 P_2R_2 프로세스라고 하는 다음과 같은 방식을 추천한다. 이건 〈스타워즈〉 시리즈에 등장하는 로봇 이름이 아니다……. 적어도 우리가 아는 한 말이다. P_2R_2는 정확한 위치 파악(Pinpoint), 우선순위 결정(Prioritize), 지원 강화(Reinforce), 손 내밀기(Reach Out)를 의미한다.

충성스러운 삶을 위한 P_2R_2 프로세스

P_1은 자기 위치를 파악하는 것을 의미한다

최근 샌프란시스코로 여행간 우리는 렌터카를 타고 공항을 벗어나자마자 완전히 길을 잃어버렸다는 것을 깨달았다. 사실 우리는 그런 사태가 발생하는 것을 막기 위해 집에서 GPS까지 가져온 참이었다. 그러나 목적지 주소를 입력하자 완전히 말도 안 되는 안내 표시만 화면에 나타났다. 주행 거리는 천문학적인 수치를 가리켰고 목적지에 도착하려면 며칠씩 걸리는 것으로 나왔다. GPS 기계가 현재 위치를 파악하는 데 사용하는 인공위성을 찾을 수 없기 때문에 마지막으로 알려진 위치를 사용한 것이다.

우리에게는 매우 안타까운 일이었지만 그 위치는 대륙 반대편이었다. 인공위성과 연결되지 못한 상태로 20분이 지나자 우리는 금방 의미 있는 안내 표시가 나타날 것이라는 희망을 버리고 처음 보는 친절한 이에게 가까운 식당까지 가는 길을 물었다. 그리고 그곳에 차를 주차하고 GPS가 마침내 이곳이 뉴욕 교외가 아니라 샌프란시스코라는 사실을 깨달을 때까지 기다렸다.

자기가 현재 어디에 있는지 모른다면 원하는 곳으로 가기 어려운 것이 현실이다. 이는 충성을 강화하는 문제에서도 마찬가지다. 사람들은 일반적으로 자기가 충성하는 대상이 생각보다 스스로 훨씬 더 충성스럽다고 여긴다.

여러분 스스로 생각하는 충성도와 친구나 가족이 생각하는 충
성도를 예상해보라. 이것은 타인과 유대감을 높이는 데 필요한 중
요한 첫 번째 단계다.

그런 다음에는 여러분이 가장 충실하게 유지하는 관계, 여러
분이 가장 많이 충성하는 물건이나 목표, 사람을 곰곰이 생각해
봐야 한다. 잠시 시간을 내 이것을 종이에 적어놓고 특히 다음과
같은 부분을 생각해보자.

- 현재 정성을 가장 많이 쏟는 관계는 누구와의 관계인가?
- 관계를 꾸준히 유지하는 사람들은 누구인가?
- 고객으로서 강한 충성심을 느끼는 기업은 어디인가?
- 여러분에게 특히 중요한 목표는 무엇인가?

이 정도를 생각하는 것만으로도 충성이 우리 삶에서 얼마나 큰
역할을 하는지 분명히 깨달을 수 있다. 게다가 이것이 우리 생활에
서 중요한 자리를 차지하는 충성만 고려한 것이라는 점을 생각하
면 더욱 놀랍다. 사실 누구나 자기 인생의 일부를 구성하는 수많은
다른 관계를 맺고 있지 않은가?

많은 이들의 경우 자기가 소중히 여기는 것들을 언어로 표현하는
과정에서 평소 자기가 충성을 증명하는 일을 제대로 해냈는지 생각

하게 된다. 때로는 자기에게 중요한 이들에게 충성을 제대로 표현하지 못했다는 사실을 깨닫기도 한다. 하지만 이 실습의 요점은 기분을 우울하게 만드는 것이 아니다. 과거를 바꿀 능력이 있는 사람은 아무도 없지만 누구나 자기 미래에 대해서는 참견할 권리가 있다. 그리고 이제 자신의 가장 강력한 충성을 받을 자격이 있는 사람이나 대상을 명확히 파악했으니 그 믿음을 증명하는 방향으로 행동할 수 있다.

P_2는 중요한 일의 우선순위를 정하는 것이다

과학과 기술이 발전한 덕분에 예전보다 생산성이 높아졌다. 주당 평균 작업시간이 200년 사이에 많이 줄어든 것이다. 그렇다면 어째서 우리는 늘 일하고 있는 듯한 기분이 들고 남들에게 뒤처진 듯한 느낌을 받을까?

첫째, 실제 작업 시간은 줄었지만 여전히 자기 시간의 많은 부분을 일하는 데 쓰기 때문이다. 사람들은 대부분 일이나 의무적인 활동을 하는 데 보통 깨어 있는 시간의 3분의 1 이상을 바친다.

하지만 그것을 제외한 하루의 나머지 시간은 대부분 거의 아무런 일도 하지 않으면서 보내는 경향이 있는데, 이것을 가리켜 '수동적인 여가 시간'이라고 한다. 이런 활동을 할 때는 타인과 관계를 맺을 필요가 없고 또 대부분 텔레비전 시청 등으로 시간을 보내므로 지적인 자극도 거의 또는 전혀 얻지 못한다.

다른 사람들과 함께 뭔가 해야만 하는 적극적인 여가 활동에는 거의 시간을 들이지 않는다. 비교하기 위해 굳이 말하자면 여기에 쓰는 시간은 식사하는 데 쓰는 시간과 거의 비슷하다.

많은 이들이 자유재량 시간을 보내는 방식을 생각하면 충성도 당연히 부자연스러울 수밖에 없다. 충성은 곧 타인과의 관계다. 그리고 다른 사람들과 관계를 맺으려면 그럴 만한 시간을 내야 한다.

다들 수사학적 표현으로 "대체 시간이 다 어디로 간 거야?"라는 의문을 던져봤을 것이다. 그러나 자신의 일상생활에서 충성이 중요한 부분을 차지하게 하려면 자기가 정말 시간을 어디에 쓰는지 알아야 한다.

이것은 매우 간단한 과제처럼 들리지만 사실은 상당히 어렵다. 잠시 짬을 내 자기가 특정 달에 시간을 어떻게 썼는지, 누구와 시간을 보냈는지 개략적으로 정리해보자. 다음 각 부분에 들인 시간이 얼마나 되는가?

- 직장에서 보낸 시간은?
- 가족과 보낸 시간은?
- 친구와 보낸 시간은?
- 자기가 신봉하는 대의를 위해 일한 시간은?
- 기본적으로 아무 일도 하지 않은 시간은?

여러분에게 결국 상처를 주고, 균형 잡힌 시각을 저하시키고,

하루를 망쳐버린 일들에 시간을 얼마나 많이 들였는가? 시간을 들여서 한 일 가운데 실제로 사기를 높여주고 한층 강해진 듯한 느낌을 안겨준 일은 얼마나 되는가?

현재 어떤 일에 자기 시간을 배분하는지 알았으면 이제 시간을 어디에 어떻게 쓰고 싶은지 생각해야 한다. 앞서 정확하게 밝혀낸, 여러분 인생에 중요한 의미를 주는 충성을 다시 한 번 생각해보자. 이런 유대 관계를 유지하기 위해 실제로 시간을 얼마나 많이 투자하는가?

물론 모든 이들에게는 회사 출근이나 식료품 구입, 아이들을 피아노 학원에 데려다주는 일, 기타 의무적인 활동 등 반드시 해야 하는 일들이 있다. 또 이사를 가거나 새로운 직장, 새로운 학교 등의 상황이 발생하면 삶에서 중요한 관계를 계속 유지하기 어려워진다는 사실도 잘 안다.

그러나 여기서 중요한 일은 이것을 모두 가지는 것이 아니라 더 많이 가지는 것이다. 시간을 쪼개서 해야 하는 일은 늘 있게 마련이다. 그중 어떤 것은 의무적인 일이고 또 어떤 것은 충성심을 저울에 올려놓고 재게 만든다. 아이러니컬하게도 사람들은 자기를 감정적으로 가득 채워주는 이들과 관계 맺기를 포기하고 대신 자기를 전혀 행복하게 해주지 못하는 일에 시간을 쏟는 경우가 많다.

시간을 어떻게 배분하면 좋을지 고민할 때는 이 간단한 격언을 기억해야 한다. "사랑의 철자가 어떻게 되는지 아는가? T-I-M-E다." 충성도 똑같은 철자를 쓴다.

이를 위해서는 먼저 우선순위를 정하고 자신이 가장 강력하게 충성을 느끼는 사람이나 사물과 관계를 유지하기 위해 진지하게 노력해야 한다. 인생에서 소중한 인연을 돌볼 시간을 내지 못한다면 이런 관계가 시들거나 죽어버릴지도 모른다.

하지만 우리는 인생에 의미를 안겨주는 것들을 밀어내면서 "그게 마음대로 안 된다"라고 한탄할 때가 많다. 그러나 자신에게 솔직할 수 있다면 이것은 대부분 '우선순위를 잘못 정했기' 때문에 발생한 문제일 것이다.

R_1은 관계 강화를 의미한다

우리가 인간이기 때문에 좋은 일 가운데 하나는 사랑할 능력이 있다는 것이다. 사실 '사랑'은 배우자나 자녀, 조국에 대한 가장 강력하고 긍정적인 감정을 설명하기 위해 사용하는 단어인데도 광범위한 사랑 능력 때문에 이 단어를 묘한 것들에까지 갖다 붙이는 경우가 있다. 우리는 종종 "나는 피자를, 차를, 귀고리를, 맑은 날씨를, 공원에서 산책하는 것을, 뉴욕을, 늦잠 자는 것을 사랑한다" 같은 말을 듣기도 하고 직접 하기도 한다. 몇 가지 예만 들어도 이 정도다.

이상하게도 사람들은 대부분 가족 외에는 자기가 가장 긴밀하게 관계를 맺고 있는 사람들에게조차 사랑한다는 말을 잘 하지 않는다. 이들이 우리 행복에 미치는 중요성을 생각할 때 이것은 말이 안 되는 태도다. 이들이 내 삶에 동참해줘서 얼마나 행복한지 말하고('사랑'이라는 단어를 사용하는 것이 어색하더라도) 또 그들과 관계를 맺음으로써 내가 어떤 기쁨을 맛보는지 구체적으로 말해야 한다.

그들과 관계를 소중히 하기 위해 노력하고 절대 간과하지 않겠다고 구두로 약속한다. 좀 진부하게 들리겠지만 여러분의 충성을 받을 자격이 있는 사람이라면 누구나 그 마음을 높이 살 것이다.

관계를 소중히 하겠다고 약속만 하고 끝나서는 안 된다는 사실을 기억하라. 그 약속을 실천에 옮겨야 한다! 관계를 긍정적인 방향으로 강화할 방법을 생각해본다. 상대방이 여러분을 대신해서 들이는 노력을 인정하고 그에 보답한다. 건전한 충성은 두 사람의 마음이 공평한 조건에서 오가면서 서로에게 존경심을 낳는 것이다.

여기에는 약속을 지키거나 신뢰를 중요시하고, 상대방을 배려하며, 그 사람이 날 필요로 할 때 옆에 있어주는 등 간단한 일이 포함된다. 그러나 곤경에 처한 친구를 돕는 것보다 더 재미있는 일이 있어도 그것을 포기해야 할 때도 있다는 것을 의미한다. 여러분이 충성을 맹세한 누군가가 도움이 절실하게 필요하다고 말하는 경우(또는 여러분 눈에 그것이 보일 경우), 여러분은 자신이 할 수 있는 모든 실제적인 방법을 다 동원해 돕겠다고 서약했다는 사실을 기억해야 한다. 사람들이 가장 소중하게 여기는 것이 바로 충성의 이런 면이다. 늘 상대방의 도움을 확신할 수 있는 점 말이다!

사람들은 대부분 자기가 이미 어떤 식으로든 이런 일을 하고 있다고 생각하기 쉽다. 그리고 타인과의 관계에 몰두해 적극적으로 임하는 이들은 실제 그렇게 하기도 한다. 그러나 다른 사람들과 관계를 활발히 유지하기 위해 노력하지 않을 경우 이렇게 충성스러운 행동을 하는 이들이 드문 것이 현실이다. 그러므로 충성을 강화하는 데 가장 의미 있는 방법은 여러분이 충성을 빚지고 있는 이들과 계속 접촉할 기회가 생기도록 일정을 적극적으로 짜는 것이다.

R_2는 다른 사람들에게 손을 내미는 것이다

이 책을 읽기 전에는 아마 충성의 중요성이나 무한성, 범위 등을 범주별로 나누어 생각해본 적이 없을 것이다. 그런 생각은 해봤더라도 충성이 동시대에 이루어진 인류의 성공과 공유하는 서로 밀접하게 뒤얽혀 있는 속성까지 생각하는 경우는 드물다. 우리 사회의 역할이 자주 간과되는 인간 경험의 중심에 의지하는 모습을 상상해본 적이 있는가? 아마 없을 것이다.

이 책을 읽기 전의 여러분과 마찬가지로 친구나 이웃들도 대부분 일상적인 배경에서 충성을 생각해본 적이 없다. 하지만 권능을 부여받은 이들이 그것을 실행에 옮기는 충성의 가장 중요한 힘이 속해 있는 곳이 바로 여기다. 이 책을 읽은 여러분은 충성의 의미를 찾고, 그것에 대해 배우고, 더 발전시키는 방법을 알아내기 위해 시간을 바쳤다. 그러나 충성이 인류에 가장 크게 기여할 수 있으려면 공동체와 사회 전체를 하나로 묶어주는 토대를 강화하는 충성의 힘과 잠재력을 이해해야 한다.

좋은 소식은 여러분의 일상생활을 변화시키는 데 가장 큰 힘을 발휘할 수 있는 사람은 바로 여러분 자신이라는 것이다. 그러나 이 힘을 자유롭게 발휘하려면 특정 대상이나 타인에 대한 충성의 범위를 확대해 우리 촛불에서 피어오르는 불꽃이 다른 이들이 가는 길을 밝혀 그들이 충성의 가치를 이해할 수 있게 해줘야 한다.

도저히 못할 것 같다고? 물론 어마어마한 일처럼 들리기는 한다. 그러나 사실 우리는 충성을 증명하는 위대한 행동에 대해 얘기하는 것이 아니다. 변화할 기회가 무르익은 사회에서 일대 격변을 일으키라고 요구하는 것도 아니다. 그저 더 나은 변화의 길에 동참하라고 촉구할 뿐이다. 사실 이것은 아주 작은 일에서 시작된다.

여러분이 잘 아는 일부터 시작해보자. 현재 유지하고 있는 충성스러운 관계에 시간과 노력을 더 많이 투자하자. 그리고 그 노력을 세상에 증명하면 된다.

공동체의 활력을 유지하는 데 중요하다고 생각되는 것이 있으면 그 해법에 동참하자. 어떤 방식으로든 노력을 보태면 된다. 그리고 다른 이들도 참여할 수 있도록 돕는다. 예컨대 자신에게 권한을 부여하고 사회 정의를 실현하는 데 교육이 매우 큰 힘을 발휘한다고 확신한다면 아이들의 배움에 도움을 줄 방법을 찾아본다. 간디가 말했듯이 "이 세상이 변하기를 원한다면 자기 스스로 변화의 주체가 되어야 한다." 이것이 타인에게 손을 내미는 일의 본질이다.

과학과 자기 개발 분야의 뛰어난 사상가들은 대부분 자신의 행복을 위해서라도 남에게 손을 내밀어야만 한다는 사실을 인정한다. 심리과학학회 회상을 지낸 카시오포 교수는 공동체와 관계를 제대로 맺지 못하면 연인이나 친한 친구들과의 관계가 어떻든 상관없이 고독감을 느끼게 된다는 사실을 알아냈다. 앤서니 로빈스(Anthony Robbins)도 마찬가지로 모든 긍정적인 생각과 안도감, 격려, 성공, 심지어 세상에 대한 사랑으로도 충족감을 느낄 수는 없다는 사실을 청중에게 분명히 밝혔다. "충족감은 나 자신을 타인에게 바쳤을 때만 얻을 수 있다."

친구, 가족은 물론 시간을 이웃들과도 함께 보내자. 그러면 여러분과 이웃을 위해 더 멋진 '작은 세상'을 만들 수 있다. 그리고 이것을 지켜나가야 한다. 작은 세상의 영역이 점점 더 넓어지도록 다른 사람들에게도 계속 손을 내밀자.

우리 행동은 충성이 중요하다는 것을 증명한다. 우리가 노력하는 모습을 다른 이들에게 보여주면 그들도 우리가 충성심과 소속감이 중요한 세상에서 살고 있다는 사실을 새삼 깨닫게 된다. 이것은 충성의 약속을 지킨다. 이 관계, 이 제도, 이 대의가 전부 내 것이며 나는 결코 이것들을 포기하지 않으리라고 말한다.

마침내 우리는 현재의 충성을 확대해 다른 이들을 포함시킬 수 있는 많은 방법을 찾아낼 수 있다. 결국 이것이야말로 충성의 진정한 의미다. 상호작용할 수 있는 사려 깊고 신중하며 의미 있는 방법을 개발할 수 있도록 존경과 관심을 얻는 것이 가장 중요한 점 아니겠는가.

살고 싶은 세상을 만들기 위하여

사람들의 내면 깊숙한 곳을 들여다보면 다들 개성이 강한 독특한 존재지만 그래도 우리는 모두 같은 것을 원한다. 행복하기를, 충족감을 느끼기를 그리고 남들에게 사랑받기를 원한다. 하지만 자신의 행복과 인도적인 세상을 위한 이런 소망이 서로에 대한 충성이라는 똑같은 토대 위에 자리 잡고 있다는 사실은 모른다.

충성은 우연의 산물이 아니다. 누군가에게 충성한다는 것은 의식적인 행동이다. 하지만 우리는 거기에 도사린 잠재적인 위험만을 보는 경우가 많다. 충성을 바치는 대상에게 거절당하거나 배신당할 위험에 노출되는 것을 두려워하는 것이다. 그러나 작가 에리카 종의 말을 인용하면 "위험을 무릅쓰려 하지 않으면 오히려 더 큰 위험에 빠지게 된다."

거절의 두려움을 극복하고 새로운 관계에 마음을 열며 때로 실망감을 느끼더라도 기꺼이 용서할 줄 알아야 한다. 그래야 친구, 가족, 동료 그리고 우리와 기꺼이 인연을 맺으려는 사람들, 건설적이고 뜻있는 방식으로 우리 삶의 일부가 되기 위해 기꺼이 감정적인 위험을 무릅쓰는 이들을 곁에 둠으로써 얻을 수 있는 기쁨으로 삶의 질이 높아진다.

이렇게 서로 주고받는 충성스럽고 사랑이 넘치는 관계는 우리 마음을 긍정적인 감정으로 가득 채운다. 비록 그것이 살면서 겪는 부정적인 경험을 완전히 없애지는 못하겠지만 부정적인 경험을 묻어버릴 만큼 풍부한 긍정적인 경험의 원천을 제공할 것이다. 우리는 이를 통해 영원한 행복을 얻을 수 있다. 그리고 이런 긍정적이고 충성스러운 관계가 모여 강력한 공동체를 구성한다. 이는 지역 사회뿐 아니라 국가 그리고 국가가 모여 구성한 공동체에도 마찬가지다.

충성은 모든 인간적인 가치와 제도의 원재료다. 개인이 일상적으로 하는 일이 우리가 사는 세상을 눈에 띄게 바꿔놓을 수 있다고 믿는 것이 너무 이상주의적이라고 여길지 모르지만 그것은 실제로 가능하고 지금도 그런 일들이 일어나고 있다.

그러니 개인의 삶이나 공동체, 사회 전체의 충성 상태를 한탄만 할지, 아니면 자기가 살고 싶은 세상을 만들기 위해 적극적으로 노력할지는 여러분 손에 달려 있다. 우리는 모든 것을 얻을 수도 있고, 잃을 수도 있다. 선택은 우리 몫이다.

자신의 행동으로 어떤 결과가 생길지는 모르지만 그렇다고 해서 아무 일도 하지 않는다면 아무 결과도 얻지 못한다.

– 마하트마 간디

마음을 얻는 관계의 기술 |충성|

곁에 두고 싶은 사람이 되라

초판 1쇄 발행   2010년 3월 17일
초판 2쇄 발행   2010년 5월 27일

지은이   티모시 케이닝햄 · 러잔 액소이 · 루크 윌리엄스
옮긴이   박선령
펴낸이   이대희
펴낸곳   지훈출판사

기획편집   허남희
디자인, 제작   심정희
마케팅   김정식, 윤태영
교정, 교열   이상희
경영지원   안지영, 김정미
공급처(서경서적) 전화 02-737-0904 팩스 02-723-4925

출판등록   2004년 8월 27일 제300-2004-167호
주소   서울시 종로구 필운동 278-5 세일빌딩 지층
전화   02-738-5535~6
팩스   02-738-5539
E-mail   jihoonbook@naver.com

편집저작권ⓒ2010 지훈출판사
ISBN 978-89-91974-30-2 03320